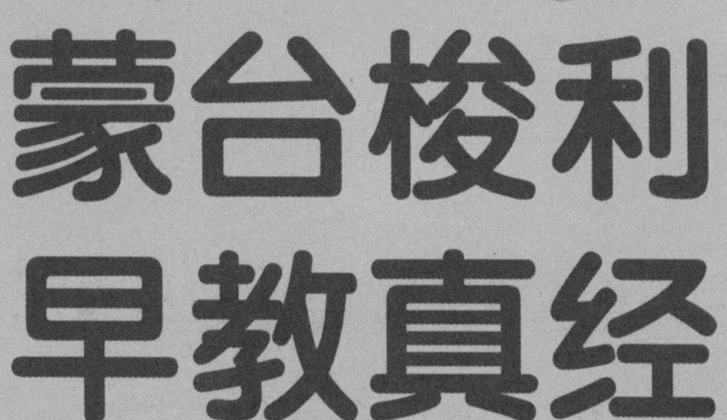

蒙台梭利早教真经

罗耀先 主编

我们坚持以专业精神、科学态度，为您排忧解惑。

中国人口出版社
China Population Publishing House
全国百佳出版单位

本书是迅速掌握蒙台梭利教育理论的最快读本，是在家里实施蒙氏早教的最佳教课书。

——优生优育专家组

目 录
CONTENTS

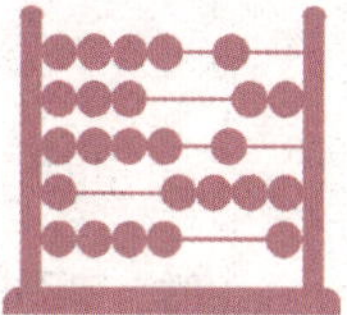

序 篇
蒙台梭利 教具预览

第一篇
蒙台梭利 理论体系

第一章 六大基础理论

第二章　儿童之家教育模式

第三章　八大儿童敏感期

第二篇 蒙氏课程 家庭实施

第四章　语言教育

第五章　科学文化教育

序篇 蒙台梭利教具预览

蒙台梭利教育法由意大利著名教育家蒙台梭利创立，是世界著名的幼教模式之一，自20世纪产生以来，在全世界产生了广泛的影响。

蒙台梭利提出了“儿童敏感期”理论，并主张让儿童处在“有准备的环境”之中，通过“教具”工作，“教师”只是协助者，让儿童自由、自主地发展。

具体教育内容主要包括五方面：日常生活教育、感官教育、数学教育、语言教学、文化教育。蒙台梭利创制了对应的五类“教具”来实施教育。

“蒙氏教具”在其教育体系中占有重要地位，它们既是实施教育的工具，也是蒙氏思想传播和发展的载体。为了快速掌握蒙台梭利早教思想，咱们就从熟悉这些看得见摸得着的教具开始吧！（教具的运用详见第二篇）

一、日常生活教育教具

日常生活练习是由蒙台梭利亲自设计的，用以帮助孩子学习必要的生活技巧，培养独立的性格。这类教具源于生活用具，而生活用具也都可以成为“教具”。这里只列举具有代表性的工作地毯和衣饰架，大家参考。

工作地毯

由几块地毯组成，供铺垫后操作教具使用。

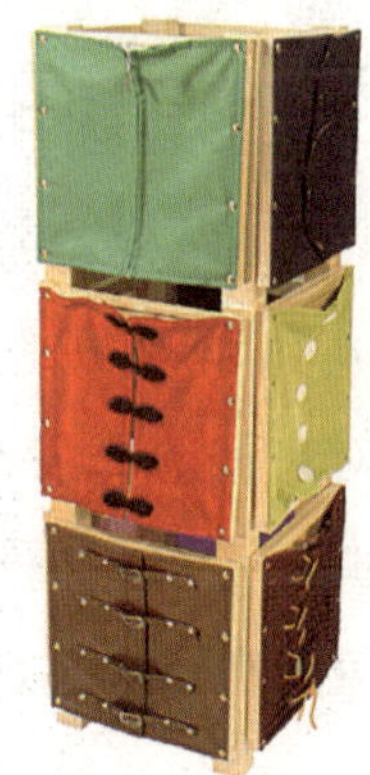

衣饰及衣饰架

由1个架、12个框、12件衣饰组成，可练习各种绳带、纽扣的系法。这类练习能锻炼手指灵活性，能帮助儿童学会扣衣服、系鞋带，从而培养生活自理的习惯。

二、感官教具

蒙台梭利的感觉教育包括视觉、触觉、听觉、嗅觉和味觉等感官的训练，其教具的范围包括视、听、嗅、触、味、温、压、辨认立体以及色彩等各方面，将颜色、气味等抽象的感觉带入具体实物，用以启发孩子认知的敏锐性，为进一步的教育目的立下根基。

插座圆柱体

由4组圆柱体组成。培养儿童辨别大小、高低、粗细、深浅的触觉、视觉能力，依圆柱体顺序对应培养逻辑思考敏锐观察能力。另外，把握圆柄可做握笔练习和写字前准备。

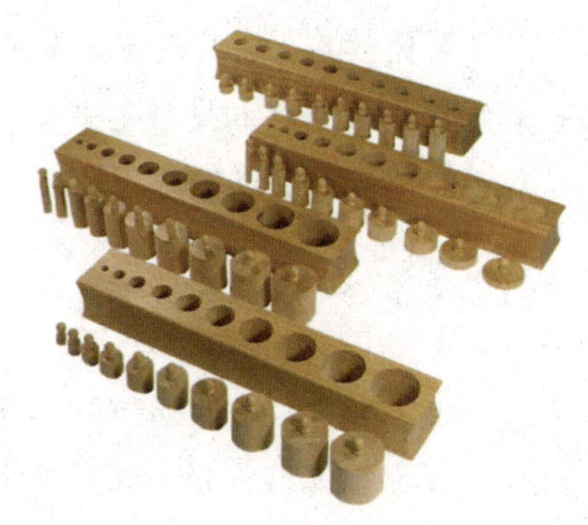

彩色圆柱

由4盒、每盒10个圆柱组成。培养视觉上识别大小、对应概念，发展手眼动作的协调，手臂肌肉控制力，培养敏锐的观察和注意力。

长棒

由10根方长棒组成。透过触觉、视觉的辨别，在知觉上对长度的差别有正确的了解，发展手、眼与肌肉的协调性；数学教育（量、基本运算、十进位、分制系统）的直接准备教具。

棕色梯

由10块长方体组成。透过触觉、视觉的辨别，在知觉上对等次的差异有充分的认识，发展眼、手、肌肉的动作协调；了解递进、递减的关系；学习长方体的概念；培养逻辑思考（顺序性和专注观察能力）。

粉红塔

由10块立方体组成。透过视觉正确获得对三维空间差别变化的知觉；了解递进、递减的关系；培养立方体的概念、手眼协调和肌肉运动的控制力；垒高时敏锐的观察力；数学教育（理解十进位法）的间接准备；逻辑思考（顺序性）的能力。

嗅觉筒

通过嗅觉筒的配对操作，训练嗅觉器官辨别各种气味的能力，利用嗅觉器官感知事物的经验。

音筒

两个木箱中各有6个木制圆筒组成，圆筒内装有石子、沙子、壳类、米粒、米糠等不同材料，摇动时发出强弱不同的声音。培养辨别声音强弱的听觉能力，发展腕部的肌肉运动。

味觉瓶

由8个滴瓶组成。品尝各式味道，培养基本的味觉能力。

温量板

由金属、石材、木质、地毯片各两块组成，培养对温度的感觉，辨别温度的差异。

铁制几何嵌板

金属几何嵌板是书写能力的直接预备，练习金属嵌板不仅强化三指抓的能力，加强腕肌的协调力，而且透过描绘的练习，更可增强笔触力道的熟练度，重叠描绘不同的几何图形板使图形变化无穷。

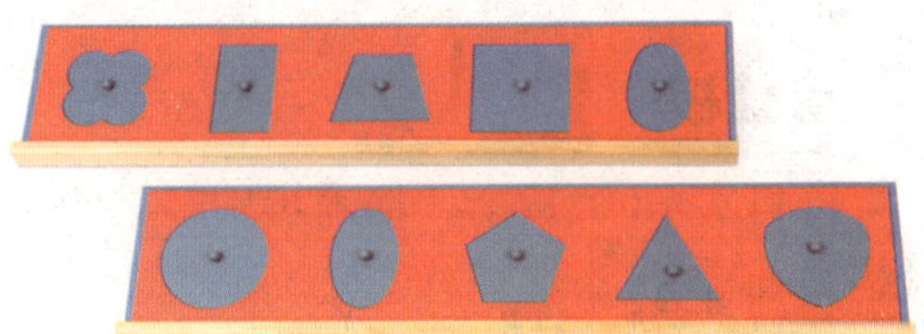

构成三角形

由5盒不同的三角形块组成。透过视觉认识三角形，通过对多边形的组合与分解了解三角形与多边形的几何关系和相等概念。

几何立体组

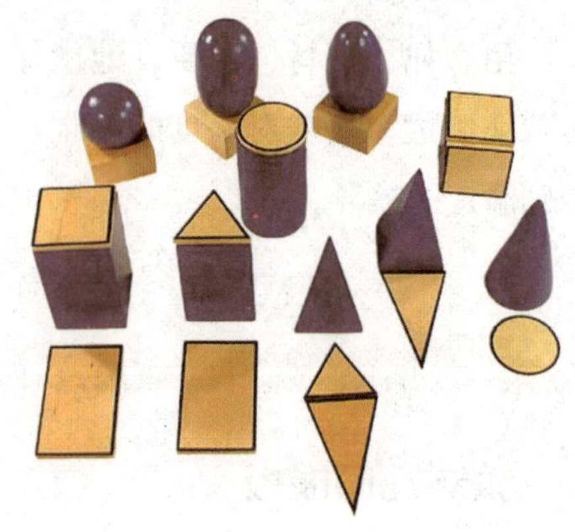

包括长方体、正方体、球体、椭球体、卵形体、三角柱、圆柱、圆椎、三角椎、四角椎，另有11枚与上述几何体的一个侧面相等的投影板组成。培养儿童对实体的感觉，认识各种几何体，了解其特征；进入几何学的准备，刺激肌肉的感觉。

重量板

进口实木6组12个。培养辨别轻重的感觉和判断力。

触觉板

由13块表面粗糙和光滑程度不同的木板组成。培养粗糙与光滑的触觉感和分析、比较的思维能力。

几何图形嵌板柜

由几何嵌板操作1个屉、6层几何嵌板橱1个、几何嵌板36块、几何图形卡片99张组成。通过肌肉和触觉的联合，帮助视觉认识平面几何图形；发展手眼协调能力、注意力和观察力；平面几何学的预备。

二项式

木制立方体和长方体共8块组成。培养视觉对立体空间的认识和数学思考能力，可作为计算体积$(a+b)^3$的代数教具。$(a+b)^3=a^3+3a^2b+3ab^2+b^3$

三项式

木制立方体和长方体共27块组成。培养视觉对三次元的辨别能力，数学的思考能力，可作为三项式$(a+b+c)^3$的代数教具使用。$(a+b+c)^3=a^3+3a^2b+3a^2c+b^3+3ab^2+3b^2c+c^3+3ac^2+3bc^2+6abc$

色板

由大、中、小3盒各种颜色的小色板组成。培养分辨颜色的能力，颜色的对比及组合的预备。

手眼协调掷圈

由5个可组装的锣口木柱和5个麻绳套圈组成，锻炼手眼协调能力。

圆圆板

由100个彩色圆组成。可做颜色的排序、对应。

几何体支柱

由1个插板盒、3个圆柱、3个三棱柱、3个四方柱组成。培养儿童通过实物认识几何体特征，可作颜色分类，高到低的比较与排序。

立体四子棋

由16组64颗棋子组成，分成两组，锻炼观察与逻辑分析能力。

圆柱体阶梯

由1个插板，25个高低、颜色不同的圆柱组成。可作颜色分类，高到低比较与排序。

三、数学教育教具

蒙台梭利了解人类的学习过程是由简单到复杂，由具体到抽象；所以面对“数学”这种纯抽象概念的知识，蒙氏教具也同样以具体、简单的实物为起始。让孩子们在亲自动手中，先由对实物的多与少、大和小，求得了解，再自然而然地联想起实象与抽象间的关系。

塞根板

由4块板、18块数字片组成。对于11到19的数能正确的做名称练习；能把握连续数的排列，体会连续数的顺序关系；了解十位与个位数的关系；学习量与代表数量的符号（数字）的一致性。

1～100连续数板

儿童将活动数字卡片排列在一定的方格板上，认识1～100的排列并认识数的连续性。

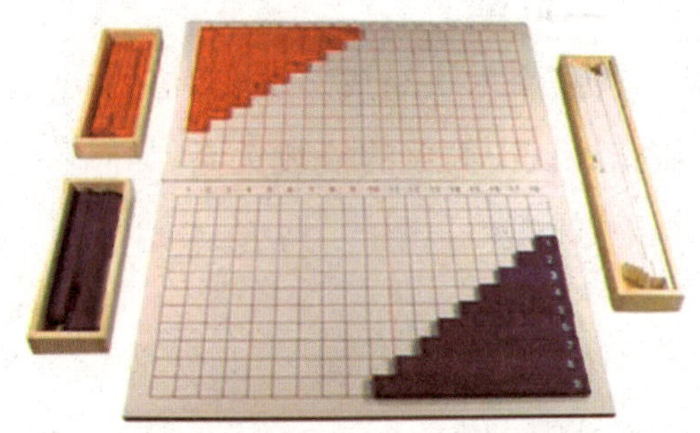

加、减法板

加数最大为9的加法练习，熟练后可导入加法心算；

用于呈现被减数最大为18的减法运算练习，熟练后可导入减法心算。

数棒

由从短到长10根红、蓝相同的木棒和从1到10的10块数字片组成。数棒是代表连续“量”的教具。认识、了解数的及数词，记忆1到10，十进位法的预备，导入数的概念。

黄色串珠棒

认识数与量等量交换的概念，为进行银行游戏做准备。

二倍数

由7个木块组成。培养2倍的概念，认识简单的倍数关系，导入平方概念。

分数小人

由1个木座、小人4组10块组成。知道1个整体（=1）如何分成若干部分，作为进入分数的预备。

乘除法板

进行得数最大为100的乘法题目，熟练后可导入乘法心算。

练习被除数最大为81以内除法题目，从感官上认识平均分配的概念，熟练后可导入除法心算。

立方体

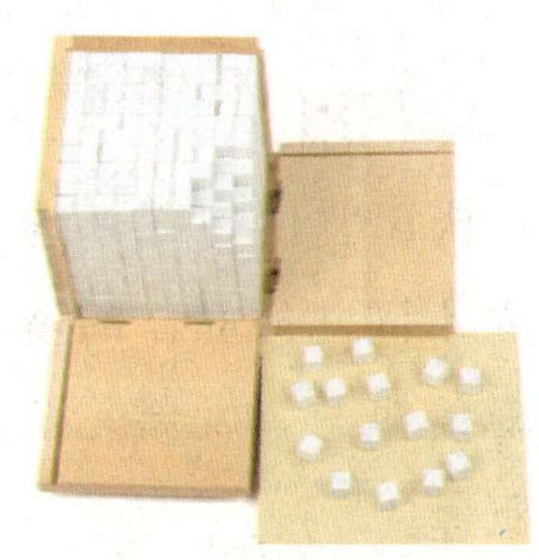

由1000颗边长为1厘米的立方块组成，学习立方的概念。

十进位法及银行游戏

由10颗单珠、10根珠棒、10个100珠板、1个1000珠阵、4套136张数字卡片组成。了解十进位法的排列与形成，学习交换的规则，可做大数目四则运算。

数字与筹码

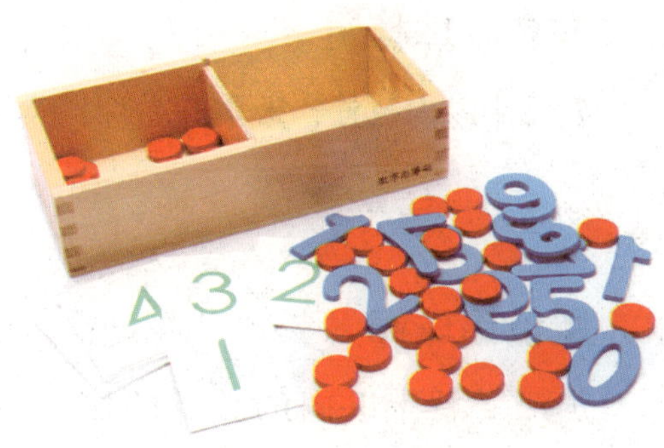

由55个圆片，10张1～10数字卡片组成。了解数与量的关系，认识奇数与偶数。

100串珠链

培养儿童练习1～100以内连续数，并熟悉十进法，培养分析综合能力和独立思维能力。

体积组

认识整体与部分的关系，建立不同几何立体的体积可以换算的概念，发展儿童对空间的概念。

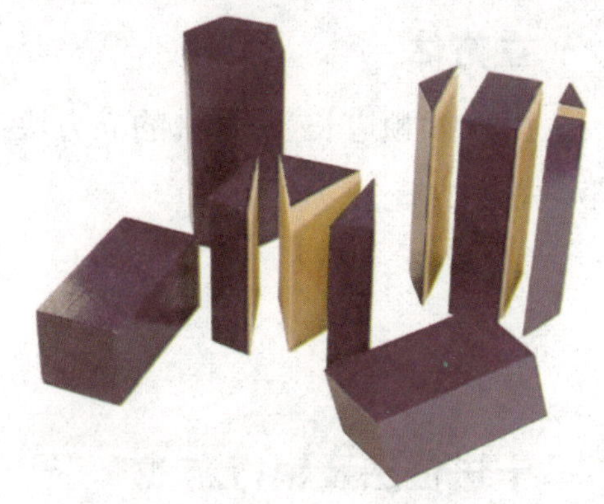

三倍数

用立方体或长方体等实物来显示三倍数之间的关系。

灰色串珠棒

熟悉十以内数量、数字与名称，为学习减法运算做准备。

黑色串珠棒

加深了解十以内的数量的概念，体会等量交换的概念，可用于进行加减法运算练习。

彩色串珠棒

熟悉十以内数量、数字与名称，为学习平方、立方做间接准备。

平方珠链

由10串珠链（55个珠棒）组成。加强以1为单位的数的连续概念；学习平方的概念；乘法运算的预备。

立方珠链及柜架

由1个框架、55串珠链（385根珠棒）组成。学习立方的概念和学乘法的预备。

接龙、减龙游戏

练习加减混合运算，增加孩子对数学的兴趣，培养孩子的逻辑思考能力。

1000串珠链

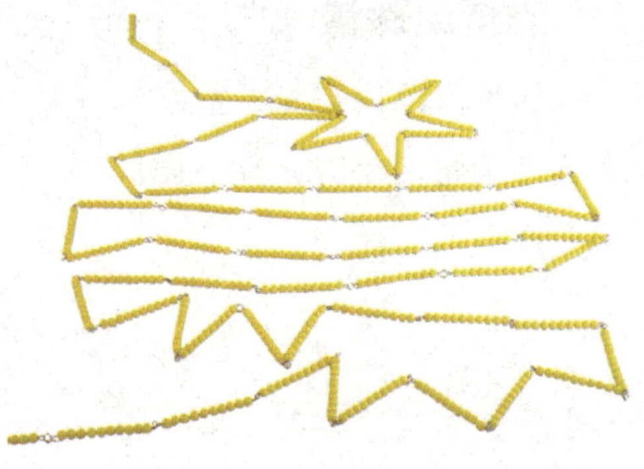

由100根（每根10颗珠）珠棒串成一条组成。加强对数的认识；熟悉连续数及其顺序；与100串珠板、1000的立方体珠块比较，培养差别的印象，加强十进位法的知识，培养专注力与独立性。

砂纸数学板

由0到9数字长板1块，0到9数字单板10块组成。培养孩子认识0到9的数字，练习书写数字，是写前的预备。

邮票游戏

幼儿通过银行游戏认识十进位法以后，即可进入邮票游戏的操作，熟悉数位的转换关系，并进行大数量的四则运算，培养数学思考能力。

纺棰棒箱

由2个整理箱、45根纺棰棒，10块数字片组成。指导0的概念，加强数与量集合的概念。

数字拼板

熟悉数字，理解数与量的关系，培养孩子数学学习兴趣。

加减乘除巨阵盘

由10档彩色算珠组成，每档10个算珠，学习加减乘除运算方法。

不规则拼盘

由不规则几何图形嵌板组成，认识几何图形与锻炼观察能力。

1公分方块组

由刻度为1公分的连接尺组成，学习加减运算方法。

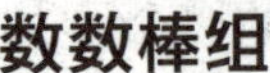

数数棒组

学习0～10的概念、10以内的加减法。

彩色小数棒

学习0～10的概念、10以内的加减法。

几何图形板

认识几何图形，为学习几何知识打基础。

算数尺

由标有1公分刻度的尺子组成，可进行加减法的运算。

称盘组

由天平、称盘与彩色木珠组成，学习数量与平衡的关系。

算术天平组

由天平、木棍与彩色串珠组成，知道数量、加减与平衡的关系。

十进位组

由1公分方块与10块连接条，以及10平方连接块组成，知道十进位制的关系。

几何体阶梯

进口实木5组，可作颜色分类，三种几何图形，感官学习，高到低的比较、排序。

圆形分数板

由软性彩色23片圆形分数板、1个双面钉板组成。认识分数，了解部分与整体的关系，增进组合概念。利用钉板背面，配2个长短、颜色不同的橡皮筋，可发挥幼儿的想像力与创造力。

四方拼盘

由三角形、正方形、平行四边形木块组成，学习几何图形与关系。

组合几何体盘

由正5边形、正方形、正三角形、长方形与圆形的面积分解组合，学习分数、面积的关系。

分解几何盘

由1个木座、9组多种几何图形组成，是进入分数的预备。

数数看

由1～5彩色算珠架组成。可进行分类、集合、分解、量的学习。

四、语文教育教具

蒙台梭利教育法常常运用“间接”的方法来帮助孩子的学习和发展，在语言练习上同样如此。例如最典型的语言教具砂纸字母板是用砂纸制成的，让孩子可以通过触摸的方式先感受语言，再学习语言。

双字母砂字板

熟悉汉语拼音的组成及发音，练习书写。

活动字母箱

熟悉字母，练习单词的拼写。

印刷字母卡

由大小写印刷字母各5套、布袋两个组成（照片仅供参考）。认识英文字母大小写的印刷体。

拼音结构练习

练习汉语拼音的正确组合，掌握拼音拼读方法。

砂纸字母板

由大小写砂纸字母板各26块组成。通过触摸认识英文字母，为书写做预备。

五、文化科学教育教具

在蒙台梭利的儿童之家里，摆放着动物、植物，有关历史、地理、天文、地质等方面知识的教具，这些教具生动形象、便于操作，让孩子在观察和动手中了解自己所居住的大环境、了解宇宙万物的奥秘、认识各种矿物、学习各种知识。

中国地图嵌板

由1套嵌板组成。了解中国在世界地理的位置，认识各省、自治区直辖市和省会城市的位置，培养空间思维。

亚洲地图嵌板

认识亚洲各个国家的地理位置、名称及风土人情，初步认识地理的空间概念。

世界洲际地图嵌板

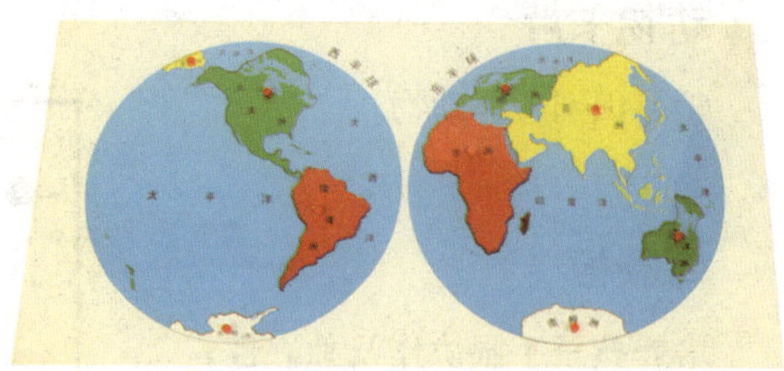

由1套嵌板组成。了解地图概念，从世界地图上认识世界上7大洲和4大洋的位置，培养空思维。

活动时钟

直观认识时钟的构成，了解时间概念，为看生活中的表打基础。

太阳八大行星嵌板

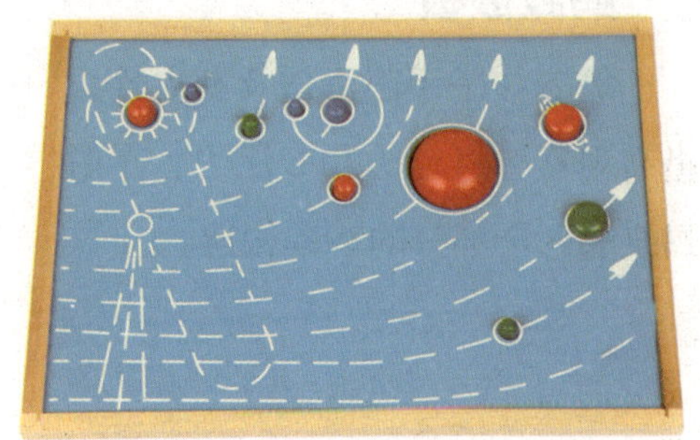

由1套嵌板组成，认识太阳系，了解八大行星位置，培养空间思维。

树叶嵌板柜

由14块树叶嵌板，4层木橱1个组成。学习识别各种树叶、植物。

植物卡片

学习识别各种植物。

动物卡片

学习识别各种动物。

鸟嵌板

培养孩子手眼协作及独立性，提高观察分析能力和专注力，了解鸟的各个部分的基本构造。

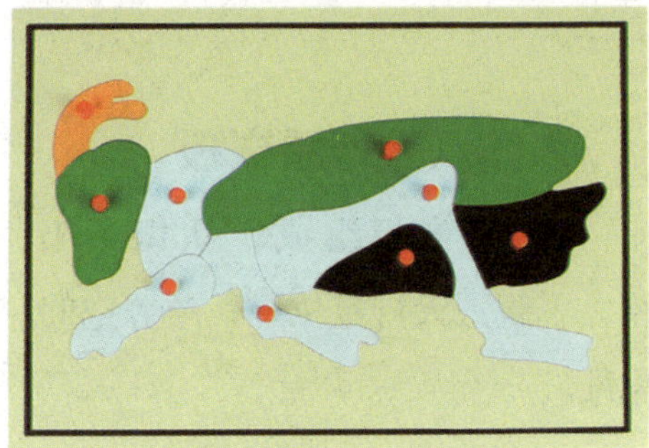

蚂蚁嵌板

培养孩子手眼协作及独立性，提高观察分析能力和专注力，了解蚂蚁的各个部分的基本构造。

大树叶嵌板

培养孩子手眼协作及独立性，提高观察分析能力和专注力，了解叶的各个部分的基本构造。

鱼嵌板

培养孩子手眼协作及独立性，提高观察分析能力和专注力，了解鱼的各个部分的基本构造。

乌龟嵌板

培养孩子手眼协作及独立性，提高观察分析能力和专注力，了解乌龟的各个部分的基本构造。

花嵌板

培养孩子手眼协作及独立性，提高观察分析能力和专注力，了解花的各个部分的基本构造。

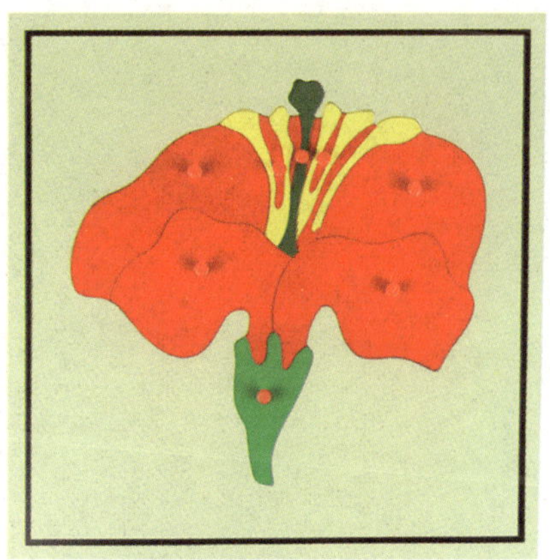

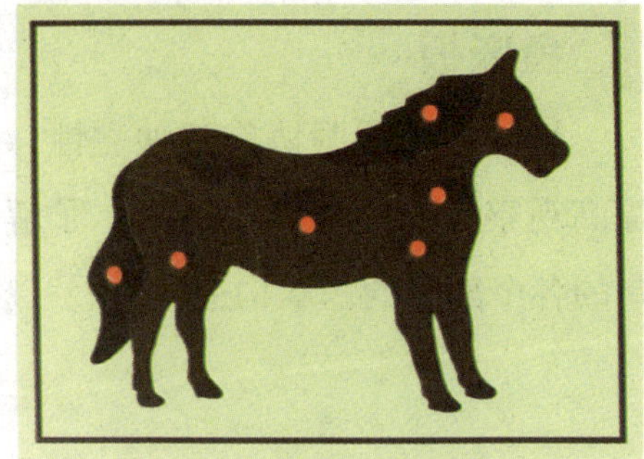

马嵌板

培养孩子手眼协作及独立性，提高观察分析能力和专注力，了解马的各个部分的基本构造。

树嵌板

培养孩子手眼协作及独立性，提高观察分析能力和专注力，了解树的各个部分的基本构造。

第一篇

蒙台梭利理论体系

蒙台梭利用最科学的教育理念和最实用的教育手段总结出最直观有效的早教方法，其撰写的幼儿教育理论著作对世界现代儿童教育的改革和发展产生了深刻的影响，至今仍被教育界奉为圭臬。想让自己的孩子身心健康、快乐成长，自然也少不了她的指引。

阅读本篇内容，您将快速而全面地掌握蒙氏教育理论之真谛，您可能会发现：孩子原来是这个样子，而教育也不是您想的那个样子！

第一章　六大基础理论

作为著名的幼儿教育学家、科学的幼儿教育倡导人，蒙台梭利终其一生，却没有将“蒙台梭利法”作过系统的整理和归纳，就算说明，也只限于一些原则性的阐述，连她孙子小玛利奥·蒙台梭利也说：“她并没一个理论体系……”

之所以出现这种状况，最主要的原因是在于她尊重儿童，尊重生命，知道“儿童内心蕴蓄的宝藏像海水一样的深，对生命本体的研究根本就是无穷无尽，绝难有定论的。”因此她自己曾谦虚地说：“我只不过是对儿童加以研究，只不过是接受儿童给予我的，并把它表现出来而已。”

但是作为一个终身都致力于儿童教育事业的教育学家来说，蒙台梭利的教育理念当然并不是无章可循，相反，她是有自己的完整体系，而这一体系被后来的教育家总结为是以六大理论作为基础的，它们分别是：

环境适应论、独立成长论、生命自然发展论、吸收性心智论、工作人性论、奖惩无用论。

现在就让我们来一起学习吧！

一、环境适应论

蒙台梭利说："孩子首先需要的是：预备一个环境，然后能够在自然的状态下发掘孩子发展的内在力量。"

蒙氏理论

（一）适应环境是儿童成长的本能

所谓"适者生存"，是亘古不变的法则。因为，环境虽不能创造命运，却能改变命运——助长或抑制。任何事物，包括万物之灵的人类，想要生存，就非得适应环境不可。反言之，"适应环境"也是万物的一种本能。

因此，个人的成长一定要与环境相适应，一旦人类的基本生存环境被篡改，那么人的基本能力也便无从发展甚或消失，严重的甚至会导致不能生存。一个孩子想要生存并成长下去，就必须适应环境，这是儿童成长的本能，也是蒙台梭利环境适应论的前提。

1.环境的重要性

环境造就人。虽然一个人的成长和成就有着多方面的因素，但是除了遗传，环境无疑在众多的生命现象因素中占据着最重要的位置。蒙台梭利将环境比喻成人的头部，强调环境对儿童成长的重要性。头部作为最重要的人体部分，是身体的发号施令者，人类的一切成长都与头部有关，它控制着人生理和心理上的发展成熟度；而环境对于个人而言，也像头部一样，是主宰一个人的关键，甚至可以决定一个人的智愚和成败。

对于处于生命萌芽状态的儿童来说，其内在潜能的开发，更是个体与环境之间相互作用的结果，由环境的刺激和帮助发展建立起来。因此，在儿童的教育上，后天良好环境的影响能够弥补先天的不足，诱发内在的潜能，使可善、可恶的人性导向正常化的发展。

2.适应环境

人一生下来，就有适应环境的本能，蒙台梭利曾经用一个例子来说明适应环境与生存的关系：“例如有些小孩一生下来，母亲即撒手人寰，那么小孩所学会的东西很明显的不是经由母亲所教的。”而是适应环境的本能在帮助他生存，甚至驱使他去发展未来生存必备的生理或心理机能。

可见，人类的各种智能与体能都是因为适应环境来增长的。而个体与环境相适应的好坏，同样是促使智能成长快速或者缓慢的主要原因之一。

3.智能与体能的成长

蒙台梭利认为：“个体与环境相适应的结果，是和两者之间的内容（品质、频率和数量）以成正比的关系而发展的。”基于此，如若能给儿童一个丰富的能提供学习刺激的“环境”，而儿童在这环境中也能努力地去多方“适应”，那么其智能成长的速度和品质必然会带给人们惊喜！

智能是如此，体能的成长亦是如此，好的环境能让儿童的肢体动作和身体肌肉得到有益的发展。比如，一个小孩想要洗手，那在他附近就需要有美观、灵活且水压很好的水龙头。虽然开水龙头的动作并不复杂也不太费力，但是对于动作和肌肉还不太灵活的幼儿来说也是一项很好的运动。这个水龙头（环境）越灵活，他越能转动自如（适应环境），他越有兴趣来做这个动作，那么小肌肉的旋转动作也就越成熟。

（二）蒙氏倡导的“预备环境”

蒙台梭利以她科学的客观观察，发现了儿童独特的成长秘密，也发现

了“成长”实际上是一种综合性的工作，在“环境”、“教师”（大人）与孩子之间必定要有一个紧密性的联结，利用这三者间的不断相互作用，使每个儿童的潜能在一个有准备的环境中都能得到自我发展的自由。

蒙台梭利认为对于新生婴儿而言，最好的环境就是父母本身：“母亲必须喂养子女，当她出门时不应单独将他们留在家中。儿童需要营养与联结母子间的爱，因为它们可解决儿童适应上的困难，不论是生理上的适应，还是社会性发展。婴儿唯有与父母相处，仿效其言行，才能成长而适应世界。”

而对于 3 岁以后的儿童，蒙台梭利则主张为其提供一个能激发其活动动机的“预备环境”。这个环境之所以必须是“有预备的环境”，是因为大人们的生活环境太过复杂，许多地方对幼儿并不适宜。“预备环境”就是在成人和儿童的世界之间建立一座“桥梁”，使成人的世界适合儿童的发展。

1.预备环境的原则

（1）轻松、愉快的学习原则。

（2）独立操作的无竞争原则。

（3）挑战自我的探索性原则。

（4）自然、有序的开放性原则。

（5）尊重、互动的交往原则。

2.预备环境的意义

（1）儿童是精神胚体，一起都在孕育，需要环境的保护、滋润。

（2）儿童是个探索者，需要吸收环境中的各种印象来建构其心智。

（3）童年的秘密隐藏在儿童的环境中，只有通过开放的环境，才能真正将其内在潜能开发出来。

（4）环境是教育的工具，预备一个适合儿童开展其禀赋的环境正是教育的目的。

3.预备环境的条件

（1）必须是符合儿童需要的真实环境，能丰富儿童的生活印象，让儿童独立地活动，自然地表现，并意识到自己的力量。

（2）必须是有规律、有秩序的生活环境，能引导儿童形成一定的行为规范。

（3）必须是充满爱、营养、快乐与便利的环境，能提供美观、实用、对幼儿有吸引力的生活设备和用具。

（4）必须是能供给儿童身心发展所需的活动练习的环境，儿童唯有通过如此环境才能达成工作的能力，建构自己。

由此可见，蒙台梭利所谓的“预备环境”就是一个符合儿童需要的真实环境，是一个供给儿童身心发展所需的活动、练习的环境，是一个充满自由、爱、积极、快乐与便利的环境。

案例与解读

狼童的故事

1920年，有一对夫妇在一个山上捕获了两只浑身长毛的怪物，毛发剃干净之后，才发现原来它们是两个女童，一个8岁，一个2岁。这两名女童刚出生就被丢弃到山上后竟然被野狼收养长大，由于长期生活在狼的环境中，因此也就养成了与狼相似的各种习性，成了名副其实的“狼童”。

这两个狼童的肩膀异常宽大，身体很强壮，下肢呈弯曲状，口不会吸吮，两手不会抓东西，无法用两只脚站立，只会四肢爬行，而且跑起来非常迅速，有时连狗都追不上；鼻子特别敏锐，声带也发生了变化，白天大

都喜欢睡觉，晚上却精神奕奕，而且每天晚上都要定时嚎叫三次；耳朵亦如狼耳，常常会动（人的耳朵不会动）；眼光非常锐利，能在黑暗中看见各种物品，吃东西或喝水时只用舌头舔食。而且年龄较大的狼童，喜欢吃生肉，对于腐肉尤感兴趣，有一次在庭园中发现一只死鸡，竟然咬住死鸡跑到森林中加以生食，回来时嘴边沾满了鸡血和鸡毛。看到有陌生人接近，则露出尖锐的牙齿，并发出声音加以警告。

总之，她们一切的生活方式均显示出不能适应的情况，其中活得较长的狼童，在十七岁患尿毒症去世时，中间虽经过近10年人类文明的教导，也只学会了四十五个单字而已，仍旧无法和他人正常交流，无法融入人类社会成为真正的“人”。

孟母三迁

作为儒家文化的杰出代表，孟子被称为“亚圣”，其地位仅次于孔子。但是，圣人并不是天生的，尤其是孟子，他在小的时候非常顽皮，他的母亲为了培养他，让他接受良好的教育花了不少心血。

开始的时候，他们把家安在了墓地的附近，由于上坟出殡的人来来往往，孟子就和邻居的小孩一起学着大人跪拜、哭嚎的样子，玩办丧事的游戏。孟母见此状况，皱起了眉头：“这里不适合我的孩子居住！”

孟母决定搬家。这一次，他们搬到了集市旁边，认为这里人多繁华，可以开阔孩子的眼界。可是没过两天，孟母发现孟子又和邻居的小孩，一会儿笑脸迎人、一会儿讨价还价，学起商人做生意的样子。于是又皱皱眉头：“这个地方也不适合我的孩子居住！”

于是，他们又搬家了。这一次，他们搬到了学校附近。孟子开始变得守秩序、懂礼貌、喜欢读书。这个时候，孟母才满意地点头：“这才是适合我儿子住的地方呀！”

后来，大家就用“孟母三迁”的典故来表示人应该在有好的人、事、物的环境中成长，比喻环境对人的成长及品格养成的重要性。

【解读】

蒙台梭利将环境列为教育的第一要素，“狼童”和“孟母三迁”的故事分别验证了蒙台梭利环境适应论中适应环境是一种本能和“预备环境”的观点。

狼童虽然在先天本质上是人类，但因为从小不在人的环境中成长，也就发展不出人类的特性；同时，因为人类有适应环境的本能，为求取生存，能够因应不同的环境，而发展出适合该环境的特征来。所以，“狼童”在狼的环境中成长，自然也就成为了“狼”。她们不但失掉了人的本性，而且将她们带回“人”的世界后，由于年龄已大，已经无法适应人类的生活方式，生命也就非常短暂。可见，一个人会说什么话、会有什么样的行为举止，甚至思想观念，几乎全然都在幼年的发育期间逐渐受到环境的塑造和熏陶而成的。

因此，蒙台梭利认为，一个人的生活习惯以及智慧能力，主要还是受到后天生活环境的影响。如果想让自己的孩子健康成长，受到良好的教育，成长为一个理想中的人，那么在他们的启蒙时期就应该为其提供适宜成长的环境。于是“预备环境”的观点便应运而生了。

早在中国的战国时代，就有一位蒙台梭利那样的伟大教育家，她就是孟子的母亲。虽然她没有接触过时髦的早教知识，不懂什么环境适应论，但其教育观点却跟蒙台梭利不谋而合：给孩子准备适合的成长环境。为此她不惜三度搬家，只是为了让孩子在好的合适的环境下健康成长。她深知，环境的好坏会对成长造成影响。

孟母为孟子提供的环境是适合成长与学习的，而蒙台梭利将这一环境更加具体化，她根据儿童成长法则，设计出适合孩子个别差异并能激发孩子成长的各类教具，让环境变得更加直观和容易操作，使孩子在环境中真正地适应进而利用环境，这就是“预备环境”的意义。

虽然，每位父母为了迎接自己孩子的来临和成长已经做了不少的准备——为孩子的房间里摆满了各式各样的材质安全、造型新颖的玩具，为了自己孩子的身心能够健康发展，家长的确下了很大功夫。但，家长想过没有，那些也许并不是孩子真正需要的，它们不过是家长自己喜欢的，不过是成人玩具的一种“迷你版”。

孩子们被硬生生地安排到了成人的世界里，却逐渐发现根本没有真正属于自己的空间。想想看，如果你是一个各项能力还没有得到开发和发展的婴儿，你来到这个世界上，发现那些成人的洗漱用品、沙发橱柜都是自己摆弄不动的庞然大物，甚至连一个小小的鞋刷也没有一个是为你准备的。这不是你应该生存的房间，你只是被关押在这个房间里的“小矮人”，有的只是父母强加给你的对你的生存毫无意义的“玩具”，那么你会怎么想？

所以，小一些的孩子对于父母“强加”给自己的玩具没玩儿两次就腻了，但对一些瓶瓶盖盖之类的大人看似毫无乐趣可言的东西却乐此不疲；一些大一点的孩子在逐渐懂事之后，开始爱破坏那些所谓特意为他们年龄定制的玩具。这些“破坏”行为往往令大人非常恼火，因为被拆得七零八落的东西大部分无法还原，变成了“废弃物”，散落一地的零件收拾起来也相当麻烦。可是对于幼儿来说，这种破坏行为恰恰是他们智力发达的证明。他想知道“这东西是怎么做的”，想在玩具里面寻找他觉得有趣的东西。

你的孩子究竟需要什么，他究竟对什么感兴趣？答案是，他们需要在适合他们的东西和环境下去“工作”。孩子喜欢自己洗脸，自己穿衣，自己扫地；他还喜欢使用与自己相配的桌子、椅子、沙发、衣橱和餐具。因为，依靠周围环境和各种辅助物生存是儿童的自然倾向，这会让他们变得更能适应生活，也过得更加舒适。更重要的是，他们还可以通过使用双手而变得更聪明。这才是他们真正需要的东西，而这些都是需要大人们去提供和准备的。至于，怎么准备？按照蒙台梭利倡导的“预备环境”的基本理念，为孩子提供最适合他们的就好，不一定要照搬教条哦！

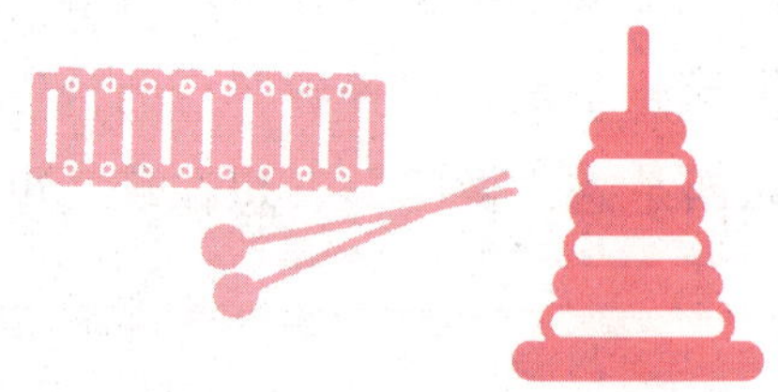

二、独立成长论

蒙台梭利说："儿童通过自立获得身体的独立；通过自由的使用其选择能力获得意志上的独立；通过没有干扰的独立工作获得思想上的独立。"

蒙氏理论

（一）独立成长的意义

蒙台梭利十分重视培养幼儿的独立性与自主性。她指出：教育要引导儿童沿着独立的道路前进。"任何教育活动，如果对幼儿教育有效，那么就必须帮助儿童在独立的道路上前进。"又说："谁若不能独立，谁就谈不上自由。因此，必须引导儿童个体自由的最初的积极表现，使儿童可能通过这种活动走向独立。"

蒙台梭利认为即便是刚刚出生的婴儿也是一个独立的个体，需要被尊重。虽然，婴儿一出生，生理的各项功能尚未健全，心智也还没有成长，无法独立生存，必须依靠亲人的照料提供生存的必需品，才能一天天长大。但是，他成长的目标却是朝向"独立"：他一步步地会爬、会走、会跳，逐渐脱离大人的怀抱，用自己的双手去触摸这世界，用自己的双脚走向自己想要去的地方……婴儿从降生的那一刻起就是在朝着"独立"的方向迈进的。

因此，所谓的"独立成长"，包含两层意义：

1.“独立”是成长的主要目标

儿童成长最主要的目标就是能成为一个独立的人，他本身就具有发展生命的能力。刚出生的婴儿什么也不会，还要依赖父母才能生存下去。但渐渐的，他可以抬头，可以微笑，可以翻身，可以坐，可以爬，可以走路，可以说话……他一步步地成长，离父母的怀抱越来越远，最后走向“独立”，可以说“成长”就是为了实现“独立”。

2.“独立”是成长的必备条件

“独立”代表各项生理心理功能上的成熟，是“成长”必不可缺的条件。例如：能自己走路，能自理生活……成长的路相当的漫长，并非一蹴可就，得靠不断地促使生理及心理功能独立（成熟），才能成为所谓“独立的人”，才有能力靠着自己的努力，完成生命发展中需要的各种活动。可以说，成长的道路是靠一个一个的“独立”堆积起来的。

（二）让孩子独立地做

每次在演讲时，蒙台梭利都要说这样一句话：“Help me to do it by myself！”这正是孩子们的心声：帮帮忙，请让我自己做！但是大部分的家长都忽略了孩子心底的呐喊，他们太喜欢代劳了，以至于抹杀了孩子独立成长的机会。因此，蒙台梭利说：“我们习惯服侍小孩，这对他们不仅是一种奴化，而且也是危险的，因为这很容易窒息他们自发的活动和独立自主意识，扼杀他们十分有益的主动性和创造性。我们倾向于把孩子当成木偶，给他们洗，给他们吃，我们总是认为孩子不会做事，不知道怎样做。然而，大自然赋予了他们可以进行各种活动的身体条件，也赋予了他们智慧，可以学会怎样进行活动，我们对他们的责任在任何情况下都是帮助他们去完成自己应该完成的有益活动。”

成人用说教、灌输和干预等方式教育儿童，虽然是出于爱护和帮助孩子的初衷，但隐藏在背后的却是“孩子无知无能，必须有自己来教导才能得到发展”的观念。正是成人这种教育观压抑并妨碍了儿童的正常发展，使儿童的天赋能力无法得到充分自然的表现。基于此，蒙台梭利提出独立成长的理论，她希望家长们明白这才是正确的方法，并且倾其一生都在尝试为孩子们创造一个能让他们独立成长的环境，正如康纳尔所言：“蒙台梭利一直致力于提供这样的学校环境：儿童能够独立于成人而成长，能自由地做他们自己的事情，按自己的步伐前进。”在蒙台梭利的眼中，儿童并不是“小大人”，它们是有别于成人的独立个体，应当受到成人的尊重，并有权利通过真实生活和秩序寻求自身的完美发展。她宣称，儿童教育目标应是“帮助儿童心智的、精神的和身体的、人性的自然发展。”

因此，在这里“独立”也变成了一种家长对孩子的态度，即——“放手”，请让孩子自己做！尊重孩子的学习意愿。他做事的动作虽然很慢很笨拙，但那是一项神圣的工作，他是在学习！所以，蒙台梭利说：“儿童不做，就不知道应该怎么做。”必须让儿童独立地做他力所能及的一切事情，使儿童通过自己的努力能把握自己和环境。通过独立自主的学习，做到自我指导，自我校正，并取得对自身成就的满足。

案例与解读

我们为什么不同

依依和果果是同一天在同一家医院出生的两个女宝宝，很巧她们两家的小区又住得不远，经常会在附近的小公园里见面。两个女孩长得都很可爱，只不过随着月龄的增加，依依越来越瘦，而果果却越来越胖。同时，两个女孩学会的“本事”也越来越不一样。

依依六个月的时候已经能自己拿着饼干一口一个地往嘴里塞，而果果拿着饼干却怎么也找不到嘴在哪里；依依七个月已经开始满地爬，而果果却老老实实地待在奶奶的怀抱里；依依八个月会自己拿着吸管杯喝水，而果果还要奶奶拿着奶瓶喂……

有一天，果果的奶奶对果果妈说："年轻人（依依妈）带孩子就是不行，什么都不在乎，依依的头又被磕流血了，她妈妈说是依依自己拿着小板凳玩的时候不小心砸到头的。那么小的孩子怎么能让她自己拿板凳玩儿呢！"

果果妈对婆婆笑笑，没说什么，但是心里想：依依自己都能拿起板凳了，可是她家的果果连自己拿勺子奶奶都怕杵到……

奶奶说地上脏，不让果果在地上爬着玩；奶奶说很多东西都危险，害怕果果磕着碰着；奶奶说果果自己吃东西吃不到嘴里多少，却会弄得身上脏兮兮很难洗掉……果果的奶奶是个认真仔细又爱干净的人，她可不能容忍自己的孙女变成满脸脏、一身伤的"野孩子"！所以，原本没多大差别的两个女孩越来越大相径庭了！

【解读】

蒙台梭利的独立成长论是要告诉什么都喜欢代劳，喜欢指手画脚干涉孩子自由发挥、独立成长的父母，适时地选择放手。我们必须明白，尽管一切都是出于我们的好心，但是我们却不能代替孩子的成长，成长的主体是孩子，你的代劳并不具有实质的意义，还会因为你的横加干涉，让孩子的成长滞后，甚至被社会淘汰。

这并不是危言耸听，尤其是在现代社会，生存的基本条件几乎不能再成为孩子成长的阻碍，而真正阻碍孩子发展的反而成了期望他们健康成长的各位家长。

我们看到很多孩子在婴儿时期就表现出一种“落后”，就像案例中的果果，她的身体机能和动手能力显然比同一天出生的依依落后很多，而这一切是在这个孩子的智力和身体健康方面没有任何问题的情况下发生的，为什么？因为奶奶的“爱”的干预，她希望自己的孙女得到最好的保护，于是很多事情她都选择了代劳，很多家长都在犯着同样的错误。

虽然说每个宝宝的发育状况各有不同，但是家长们的“参与”也难逃其责。很多家长都喜欢犯这样的错误，他们太爱自己的孩子了，在他该会“爬”的时候，选择了“抱”；在他努力爬着去够自己喜欢的东西时，选择主动将东西奉上；在看到他练习得很累却依然原地不动的时候，主动过去“帮”他一把……家长们一直在干预宝宝的独立成长，这样做反而使他们的成长减速了。

要知道，宝宝们也是很聪明的，当他们看到自己不用努力就能得到自己想要的东西时，他们就会选择放弃努力而让大人代劳；看到喜欢的玩具够不到，哼哼两声大人就送到眼前；想吃的东西打不开，放到大人手里问题就迎刃而解；想去某个地方，叫大人来抱着去更快更省力！于是很多宝宝在家长的精心呵护下变得很“懒”，体能发育缓慢的同时也影响了智能的发育。因为大脑是身体的指挥中心，身体都“休息”了，大脑还会多努力地工作呢？脑子不用又怎么会灵活呢？

即使你的宝宝是个天才，但是如果一开始家长就习惯了用代劳的方式代替他的独立成长，那么将来培养出来的孩子虽然是个智力达人但生活中一无是处。他们在生活和心理上对于父母的依赖也让他们如同没有“断奶”的婴儿一样，一直无法达到“独立”的成长目标。而作为家长，总有离开子女的那一刻，到时候孩子生活不能“自理”、心灵无法“独立”，又该如何快乐地生存下去呢？更何况，在社会竞争日益激烈的今天，一个离开父母无法独立生存的个体，被淘汰难道还会有什么争议吗？

生命的成长是一个神奇的过程，孩子从出生开始最大的目标就是走向独立。我们成人身上会有一种叫做“主观意愿”的东西，这种心理在儿童身上也会得到体现。婴儿身上同样有一种巨大的能量，它可以使其在脱离母体之后，朝着自身独立的方向发展。5个月左右的宝宝已经可以开始吃母乳以外的东西，他的胃已经为脱离母乳走向独立做准备；6个月左右开始有意识地发音，说明他有了交流的欲望；1岁左右学习走路和说话，他要用双腿离开父母，用语言与社会交流……他的独立倾向越来越明显，而且这种成长的方式是大人教不来的，到了一个时期，他的大脑就会告诉他下一步该如何进行。父母的爱护和干预只会阻碍他们成长的道路。

教育孩子如同养花种树，我们除了浇水施肥，提供必要的生长环境之外，其余的，就得靠它自己一步步扎根，一层层发芽了，浇花的人是无法替“它”长大的！蒙台梭利的教学观点即是以儿童为中心，视儿童为有别于成人的独立个体。帮助孩子独立，放手让孩子去做，成人要做的只是采用尊重的态度，进行适时地指导，显示最大的耐性，给予最多的鼓励！

三、生命自然发展论

蒙台梭利说："人并不只在大学里才发展，在出生之时就已经开始了心智的成长，而且在生命的头三年，其发展的程度最为可观。"

蒙氏理论

（一）"计划"靠"过程"来达成

蒙台梭利认为：生命的发展是自然而然的发展，这种发展不是随意的，而是由小到大，由简单到复杂，充满秩序和规律。她在对儿童的观察中，注意到了生命"自然发展"的事实，她发现人的"完成"，实际上是经由自己的不断活动来达成的。

就像母鸡孵小鸡，母鸡生下鸡蛋之后，它能做的，也只是供给蛋的温暖，至于蛋壳里的"胚胎"如何变成小鸡，就得靠蛋壳内的"生命"自己去一步步地完成，这是一个自然发展的过程，母鸡即使再着急，也控制不了蛋壳里的小生命，只有它自身发展的成熟度达到了一定要求，才会破壳而出。

蒙台梭利发现，儿童在出生以前，就具有了发展的预定计划，由于这个计划从生命的一开始就已存在，正如鸡蛋会变成鸡，人的受精卵会开展成胎，变成人。她同时认为："人有双重胚胎期，一个是在出生之前，这是所有动物都具有的肉体（生理）胚胎；另一个是出生之后的，是人类所特有的精神（心理）胚胎，这使得人与动物有了很大的区别，也正是我们对此进行研究的原因。”所以她称未出生之前，便具有这种“开展功能”的儿童，为“精神和肉体胚体”。

“胚体”在卵受精的那一时刻，就含有了“未来成为人”的这一大自然的“预定计划”，于是“预定计划”也按着大自然订下的步骤，产生了自我实现的活动；不断地自我活动，完成了伟大的生命。它的发展流程大致是这样的：

胚体（“预定计划”）→胎儿→婴儿→儿童→成人（达到计划）。

这是人类发展的一个基本程序，它按照胚体“预定计划”来实现，而中间“→”的那几段，是表示必经的过程（自我活动的过程）。也就是说“预定计划”，必须要凭借自然力量所推展的过程，来显现它的计划是什么，并且来达到计划的目的。这个过程绝非跳跃式的前进，它是按部就班，一步步发展下来的。

（二）“过程”靠“内在需要”来推动

一个人的成长是“计划”靠着“过程”来达成的，那“过程”又靠什么来推动呢？蒙台梭利给出的答案是“内在需要”。

虽然，幼儿在心理与生理的发展速度上有所差异，进而使得其儿童成长阶段的进程也会各自不同；但是他们的发展过程有一点是相同的：为了使身心成长，从胚胎个体开始，会有很多的内在而非外显的需要出现，“内在需要”会导致“个体”主动地去寻觅，找它要的“东西”，以满足迅速成长的目标，比如刚出生的婴儿肚子饿了，他会闭着眼睛找，用嗅觉找奶香，用嘴唇去找奶头，解决饿的问题。

如果作为幼儿看护者不懂得孩子会因“内在需求”而驱使他“主动活动”，反而认为孩子只是一个被动的空容器，大人只要按自己的想法给予和填塞就好了，那便会出现养育上的“差错”。孩子的确需要大人提供帮

助，但这种帮助绝对不是填塞，而是需要大人了解和尊重他们的“内在需求”，帮他满足这种需求，进而好好成长。

所以蒙台梭利的“教育”立场，是大人给孩子提供一个良好的学习环境，任由孩子在其中去自由地选择，不受干扰地满足其自身的内在需要，使其生命能够自然地发展，一步一步按照预定的计划成长为一个完美的大人。

案例与解读

一盆绿萝

一个公司搬家，扔掉了一盆将死的绿萝，这盆绿萝的叶子已经掉得差不多了，只剩下中间那个用棕榈包裹的用来固定藤蔓的圆柱子。保洁员没忍心将它扔进垃圾桶，而是把中间的柱子取出，将还有一丝生气的绿萝连盆里的土一起栽到了大厦前的小花园里，任其“自生自灭”去了。

可是一周以后，保洁员再去看的时候，绿萝旧的叶子已经掉光，长长的老藤也已经干枯，取而代之的是从根部冒出来的很多片新生的小叶子，一小簇嫩嫩绿绿的，非常喜人；四个月后，当那名保洁员再去花园时，却发现那一小簇绿萝已经把那个小花坛整个占据了，到处都是葱葱郁郁的绿叶，藤藤蔓蔓爬了一地，把那个小花坛装点得绿意丛生，完全没有了当初的萎靡不振和奄奄一息，让人不禁惊叹：生命原来如此神奇！

【解读】

生命本身就是一件神奇的事情，看看那土里冒出的新芽，瞧瞧那刚刚会飞的小鸟，你都可以切实地发现，生命一直在发展而且从不曾停滞。绿萝的启示就是如此，当你丢弃了这个即将结束的生命，把它放在一处不去理会的时候，它却在适宜的环境中按照自己的意愿选择了让生命延续、重现生机。离开了人们的精心照料，它反而活得更好。因为只要满足了生存的基本条件且环境适宜，生命就会按照其本来的方向和计划自然地发展下去。

绿萝是如此，小树是如此，小鸟是如此，人更是如此。人不是一生下来就白了胡子，也不是一生下来就长得很高，这都必须经过由幼小到成年的连续过程，才有现在的自己。

但是如果有人问：是什么力量让我们长大的？也许就没有人能够说个所以然了。其实，生命它自然而然地发展，看上去随意，实际上，却充满着秩序和规律——由小到大，由简而繁。在一定的自然法则下，万物生长才能生生不息！

蒙台梭利的教育理念无非就是在遵从这一过程，她尊重生命，于是尊重它的自然发展。她懂得每一个孩子从胚体开始就已经有了自己的成长计划，那就是成长为一个身心健全的大人。他们从无意识到有意识地为这一计划做着努力，在蒙台梭利看来，幼儿身体内含有生气勃勃的冲动力。正是这种本能的自发冲动，赋予他积极的生命力，促使他不断发展。

婴儿脱离母体来到这个世界，就是朝着独立迈进了一大步。同时，出生赋予他认知外在世界的强烈欲望，他通过吸收各种新知识来完善自己，并逐渐形成自己的个性。所以，蒙台梭利认为儿童是一个发育着的机体和发展着的心灵；儿童发展的时期是人的一生中最重要的时期。

幼儿处在不断生长和发展变化的过程之中，而且主要是内部的自然发展。在这个连续的自然发展过程中，幼儿的发展包括生理和心理两方面的发展。生理、心理功能想要达到成熟（独立），除了随着年龄逐序发展的自然因素外，家长对儿童学习的帮助是重要的辅助因素。不过无论从独立成

长的角度还是从生命自然发展的角度，这种帮助都应是适量的。让他们按照生命自然发展的轨道有序进行就是对他们最大的帮助。

正如蒙台梭利所说："孩子，你慢慢来，我等着你学爬、学站、蹒跚走起路来，我看着你涂鸦、拼图、积木盖起城堡，我陪着你说话、看书、漫步好山好水……"这充满爱的语言应该是每位父母的心声，不揠苗助长、不横加干预，只给他最适宜的阳光、雨露和养分（宽松、自由、有规则、充满爱的环境），让他按照生命发展的自然本真自行长成参天大树吧！

四、吸收性心智论

蒙台梭利说："心理学家也一致同意，教学方法只有一个，那就是必须保持学生的高度兴趣和强烈而持续的注意力。因此，教育所要求的只有一项：通过孩子的内在力量来达到自我的学习。"

蒙氏理论

（一）孩子们的特殊力量

之前已经说过，人类是依据其自身的"预定计划"逐渐成熟。然而，初生儿一离开温暖湿润的母体随即进入一个完全不同的世界，面对这个突然而且复杂的环境，这项"预定计划"又是如何的展开过程，让孩子由小长大、由无知变有知呢？

蒙台梭利给出的答案是：一种特殊力量！婴儿一出生，对这个世界一无所知，为了面对它，也为了适应它，求得生存发展，天生就拥有了一种特殊"力量"。这种特殊力量会帮助他从复杂的环境中，选择成长所需要的事物，并且会使他主动地尝试、摸索，快速地了解和学习。

所以，蒙台梭利说："教育所要求的只有一项：通过孩子的内在力量来达到自我的学习。"而这种内在的力量即"吸收性心智"，它是幼儿独一无二的心智能力，促使其在短短几年内，便建构与巩固了身为人的所有特质。几乎每个幼儿都有这种极大的潜在能力，并通过这种内在特殊力量从环境中获得所需信息。

（二）吸收性心智有别于成人智慧

蒙台梭利说："成年人的大脑无法完成儿童大脑所完成的东西。从无到有地学习一种语言需要一种特殊的心理能力。儿童就具有这种心理能力，他们的智慧与成年人不同。"成人在面对一项新的事物时，可以借用旧经验来学习，例如你初次到德国去，听见那里的人说的话，即使你不明白，但你仍会判断那是他们的"语言"。但是，你的孩子呢？他从一片漆黑的母体降临到这个截然不同的世界，是没有任何经验可言的，而且他的智力也还没有成熟，他们又当如何快速融入这个世界呢？

答案就是"吸收性心智"就像照相机的感光底片一样，对外界的信息的采集采取无意识无选择全部摄入的吸收方式，然后再像计算机录入那样通过内心进行编辑内化成自己的东西，然后输出。这一过程是从无到有的快速累积的过程。

然而这种潜意识的摄取，大约到三岁以后，便会转变成有意识的吸收。孩子在"吸收性心智"驱动下的学习，不仅与大人不同，速度更是惊人，这种特殊的能力让他们迅速了解这个陌生的世界并且快速地成长。儿童就因为有这种能力，才会从"无"到"有"地为智力的发展奠定坚实的基础。

也就是说，成人可以凭借经验和智慧来判断事物和增长知识，而毫无经验又智能不足的孩子所依赖的就是这种特殊的力量——吸收性心智。

（三）提供有益环境，让孩子更好"吸收"

蒙台梭利认为：吸收性心智是幼儿独有的一种特殊的学习方式，即幼儿会像海绵吸水一样，从环境中吸取信息，而这一学习和储存只是过程不需要花费大量精力，是在潜意识层面进行的，这种学习方式会持续到7岁。

可见，孩子发挥“吸收性心智”的途径一定是通过外在环境完成的。尤其是在生命的最初几年里，孩子通过与周围环境的不断接触而无意识的吸取经验，同时在吸取经验的过程中逐渐发展了心理。因此，成人所提供环境的好坏直接影响到孩子吸收信息质量和心理成长的好坏。

对成人来说，问题就在于我们是否给孩子提供了这样一个有益的环境。这也是蒙台梭利不遗余力倡导的，为孩子提供一个“有预备的环境”的前提。因为小孩以吸收方式来学习的能力大约会持续到7岁，他学习阅读、写字、计算的方式，就和他学习走路及说话，是一样自然的方式。所以蒙台梭利推论，如果让小孩置身在一间可以让他自由操作各种具教育意味教材的教室中，容许他在自己感兴趣及预备好的时刻来学习，他的经验会更加丰富。

案例与解读

1岁宝宝的吸收力

一对年轻父母要带刚满1岁的女儿去海边旅行，结果遭到亲友的一致反对，孩子的爷爷奶奶担心孩子突然换环境会生病；而同龄的朋友也告诉他们孩子太小，根本什么都不懂，看到什么也记不住，没有必要这么早带她“开阔眼界”，而且孩子还走不好，带着太“累赘”。

但是固执的父母还是不顾反对带着女儿出发了。女儿离开了原本熟悉的环境，对周围的一切非常好奇，原本叽叽喳喳、活泼好动的她变得异常安静：她目不转睛地盯着一浪高过一浪的海水，仿佛都要屏住呼吸了；来到海边的石堆里捡各种各样的石头，并且每块都要放进嘴里尝一尝；看到海鸥飞来飞去，甚至为了争食在空中开战……

一整天，女孩都一声不吭，爸爸还以为他对陌生的环境不适应，甚至有些害怕。可是晚上回到宾馆，女儿开始变得活跃，妈妈发现她站在床上一

边自己呵呵笑，一边做一些奇怪的动作：两个手臂张开，然后使劲往身后背过去，就像张开翅膀的感觉。

这个动作是孩子以前从来没有做过的，于是妈妈问道："宝宝，你这是在做什么啊？是在学飞机飞吗？"宝宝不说话，也不动。"哦！"妈妈恍然大悟："你是在学海鸥飞，对不对？"女儿笑了，做这个动作做得更欢了！

妈妈只是在孩子看海鸥飞的时候告诉她这是一种什么鸟，它们在天空干什么，可完全没有传授她飞这个动作啊，她居然自己"发明"了出来，这一发现让父母对孩子的学习和吸收能力惊叹不已，感叹这一趟真的没白来呢！

【解读】

孩子的吸收性心智是一件非常神奇的事情，他们的学习能力往往令家长们瞠目结舌。吸收性心智会让孩子做出很多令大人意想不到的举动，就像上面的案例，一个1岁的宝宝能自发地去学习东西，不用大人教，自己就会按照看到的事物去创造他们认为该有的动作，尽管他们的语言表达还不完美，连一个复杂的词都说不出来，可是他们却能用实际行动证明他们可以自己学习和创造，而且这种学习和创造随时随地都会发生。

不仅是1岁的孩子，这种能力是0～7岁的孩子都具备的。蒙台梭利用科学的语言将这种能力描述为"吸收性心智"，孩子的心灵会自发地吸收和学习环境所提供的知识和信息，并且将它转化成自己的东西，然后再表现出来。

这种能力是自动自发的，并不需要外力的干预。很多家长认为孩子是应该教育的，并且把早教看成一种非常严肃和残酷的事情——他们不允许自己的孩子输在起跑线上，于是从婴幼儿时期就对他们严格要求。

望子成龙当然没什么错，只是他们忽略了幼儿身心发展的特点。孩子们有自己的成长目标和学习方式，这是他们先天具备的本能，横加干预只会破坏他们的成长轨迹和发展速度，反而不利于孩子的成长。所以蒙台梭利提出早教其实就是“不教的教育”，父母提供给孩子的应该是好的学习环境，而不应该是“好的”学习方法。

因为，正如蒙台梭利所告诉大家的，儿童所具有的特殊力量（吸收性心智）是成人所不具备的，成年人的大脑无法完成儿童大脑所完成的东西。因此，成人智慧所总结出来的那些学习方法和经验，对孩子其实是不适合的。一个不适合孩子的东西被强加在正在成长发育的孩子身上并不会变成有力的工具，而是会变成成长的枷锁。

想要给孩子完美的早教，你需要提供的只是环境，这个环境包括物质的和人文的，在物质的环境中，你的孩子应该拥有适合他们的工具，这个我们之前已经提到过，就像蒙台梭利教室中对教材的使用是以幼儿独特的学习倾向为基础一样。而人文的环境则倾向于精神方面，你需要提供给孩子一个好的道德和文化的氛围。也就是说，作为父母，你不需要刻意去教孩子，但是自己却一定要做出表率，因为你是孩子的模仿对象，是吸收性心智所要吸收的环境的一部分。

幼儿本身没有分辨是非对错的能力，他看到的任何东西都会照单全收，包括家长的一切“不文明行为”：乱扔垃圾、乱放东西、说脏话、不洗脚……他都看在眼里，记在心上，表现在他会表现时！这是一件多么可怕的事情，你必须明白并不是你的孩子学“坏”了，而是你没有给他提供好的东西，等他学“坏”时你再硬要“教”他好的东西，那其实是很难的。

作为一个负责任的父母，你如果想让自己的孩子受到良好的早教，那就应该照蒙台梭利说的去做，给他提供好的有益吸收的环境。这个环境中首先需要你严于律己、以身作则，你的孩子自然会得到潜移默化的教育。

五、工作人性论

蒙台梭利说："三岁的孩子必须让他自己摆弄东西。如果依其身材比例制作的东西，容许他学着大人一样操作，他整个性格就会变得平和、满足。"

蒙氏理论

（一）工作是人性的特征

蒙台梭利说："工作是人性的特征。"蚂蚁和蜜蜂每天都勤勤恳恳地工作，忙忙碌碌地不停搬运或采蜜，但它们的工作仅限于某些特定动作，而不会通过工作去开动脑筋、总结经验、追求进步、增长智慧，进而改善环境。而人却可以得到上述提高，所以才有"工作是人性特征的结论"。

1.工作是一种本能，内在需要导引着工作

工作是人生来就具有的本能，这是人生存的基本特征。幼儿正是通过不断的工作在进行创造，使自己得到充分的满足，并形成自己的人格。工作既能使人类更新，又能完善人类的环境。

而之所以说工作能使自己得到充分满足，是因为他们具有自己的内在需要，他们需要通过工作让自己的双手不断活动、让自己的四肢变得灵活、让大脑和身体配合得到锻炼，促进身体和智力的发展。正是因为孩子有这种"内在需要"，才能指引他借由工作获得"自我统合"，建构自己、创造了人类的新生命。

2.工作是智力成长和心智发展的动力

蒙台梭利说："幼儿阶段是一个形成、创造与建物的时期。唯有通过

工作，才能逐渐形成各种运作的能力，而成为人。”工作是人性的表现，只有人类才能具有这种能够开创生命，发展生命的特性，唯有通过工作开创生命，发扬生命这种特性。她认为：人类的智力发展由认识而来，认知则经由感官和外界环境的累积而成。而手正是感官最敏锐的触角，也是与环境互动最频繁的媒介，人称手是人的第二个脑。因为儿童的工作是创造建构的活动，他要通过双手帮助他们人格正常发展。

3.儿童工作不同于游戏

蒙台梭利所说的儿童工作，是指儿童学习日常生活，用双手做事，进行自我建构，自我成长的过程。儿童的双手就是他性格上的工具，也是表达智力以及意志的媒介，并通过双手工作来支配环境，工作区别于其他游戏，她认为游戏大多数都是毫无目的的洗刷、戏闹，而工作是一种有目的，有进步的活动。

4.工作对幼儿发展的作用

（1）就身体而言，也就是从生理的角度来说，工作可以锻炼儿童肌肉的协调和控制能力。

（2）就心理而言，工作有助于培养儿童的意志力，让儿童全神贯注地工作便是培养意志力的一种有效途径。

（3）就性格而言，工作有助于培养儿童的独立性，因为蒙台梭利所提供给儿童的工作几乎都是需要独立完成的。

（二）儿童工作的特征及法则

1.儿童工作的特征

（1）其工作遵循自然法则，服从内在的引导本能。

（2）其工作无外在目标，以自我实现为内在目标。

（3）其工作具有活动性、创造性、构建性。

（4）其工作以环境为媒介来改变和提升自我，别人无法代替。

（5）其工作以自己的方式、速度进行，为内在需求而重复。

2.儿童工作遵循的法则

（1）自由法则。

（2）秩序法则。

（3）独立法则。

（4）专心法则。

（5）重复练习法则。

（三）儿童与成人工作不同

1.工作性质的不同

成人是为了生活而工作，而儿童却是为了工作而生活，也就是说成人的工作是为了满足生活所需，儿童的工作是以工作逐步改进自己、完完善自我。

2.工作环境的不同

（1）外部环境不同。成人主要的工作环境和服务对象是社会，而儿童的工作环境是成人提供的有准备的环境。

（2）心理环境不同。成人工作的心理压力很大，要面对竞争和淘汰，随时可能被替代；而儿童工作不存在竞争，并且没有人能够替代儿童做成为一名成人而做的工作。

3.产生的结果不同

对儿童来说，工作就是一种自身的外延与加强，年龄越大就会变得越强壮、越聪明，他的工作和活动使他获得了这种力量与才智。但是对成人来讲，岁月的流逝会产生相反的结果。

（四）工作会帮助儿童人格正常发展

1.儿童的正常化和偏差

蒙台梭利认为工作对儿童人格的发展同样具有重大影响，在孩子工作

过程当中，如果在正确的教育方法引导下，那么孩子正常化的进程表现，应该是专心工作、自律、合群、独立、有秩序。但如果在成长过程中遇到不利的环境，就可能会出现偏差的人格发展，偏差的人格如任性、依赖、自卑、失序。

偏差人格行为的出现，是因为孩子在从事他的心智工作与建构自我的时候，没有得到一个良好的环境，同时缺乏成人的正常引导，从而造成孩子的精神漫无目的，徘徊游荡，就产生种种偏差行为。

不过这种偏差的行为也能通过正常工作来纠正和消灭。一旦儿童专心于他有兴趣的工作，在很投入、很专注的情况下，偏差和不良行为就会自然消失。所以蒙台梭利认为工作可以从无秩序变为有秩序，从被动变为主动，由依赖变为独立。

2.培养正常化儿童需要的条件

（1）设计的学习材料和教具符合儿童心智发展程序。

（2）让儿童拥有自由选择的机会。

（3）给他完全的信任和必要的指导。

（4）让他去独立完成任务，不对其学习工作进行干扰。

（5）成人正常化是儿童获得正常化的基本前提。

案例与解读

端水是一种工作

在蒙台梭利的儿童之家里出现了这样一幕：

一个男孩从老师手里接过玻璃杯，玻璃杯三分之二高度的地方，老师已经先行贴了一圈红胶带。男孩拿着杯子走出活动室，来到洗手台前，转开水龙头开始装水，水装到杯子红胶带所指示的位置时关掉水龙头，然后小心翼翼地双手捧着杯子回到了活动室。

老师正在活动室等待，看到男孩回来便用手指了指地板上的那头，原来，地板上也被老师用红胶带贴了一条直线。男孩慢慢走到红胶带直线的起端，双脚并拢，眼睛看前面，一步接一步地踩在直线上，缓缓地向前走去。他的步伐是非常缓慢小心，杯里的水也没有溢出来，直到他到达红胶带直线的尽头。

随后男孩捧着杯子走出活动室并将水倒回洗手台，再把杯子还给老师，回到坐位，他的神情流露出极有成就的愉悦感，老师也报以赞许的微笑。不错，这就是孩子很正常的“工作”，是孩子学习日常生活—自我训练的成长“工作”。

【解读】

很多人质疑儿童也会工作的事实，因为在成人看来工作是大人才该做的事，儿童所做的那些只不过是游戏罢了。就像案例中的男孩取水、端水，再将水倒掉的动作，在大人眼里是无论如何也不能称其为工作的。但是这项大人看起来简单又毫无意义的工作，却是对孩子的一种非常好的锻炼。孩子捧着杯子走线，不仅是要他练习“用手捧杯子”、“开水龙头”、“速度稳健”、“眼睛往前看”等单独的动作，更要他学习如何将这些结合在一起，达到整合至平衡（协调）的状态。

孩子的生理、心理功能，就是要经由不断地活动，才能越来越敏锐灵活。而且儿童工作不同于游戏的一点就是，游戏只是无目的的嬉耍，工作则是一种有目标，有进步的活动。在蒙台梭利的幼儿教育看来，捧着杯子走线这件“工作”恰恰有非常明确的目的：

（1）训练孩子的手眼协调，做事聚精会神，并体验“独立”的滋味，而且能有秩序地完成一件工作。

（2）也借着四肢的活动，使孩子的人格、智能与体能同时发展。

所以，当你看到自己的孩子在严肃地做前面那件工作时，你千万不能认为那是毫无意义的，甚至“不务正业”的，其实他在做着一件有目标，有成就感的事。

孩子“工作”的目的是为了完成自我！哪怕他是在专心地玩泥巴，你看到之后也应该感到高兴，因为他并不是对泥巴有什么样的渴求，而是他有股内心的“需要”，需要有东西，让他们的双手不断地活动，接触事物、体验感觉，同时发展智能。尽管他的手上、脸上、衣服上都脏，而且捏出来的东西也让你完全摸不到头脑；但在他内心却是干净而高尚的，因为他在专心地用头脑在想，用手眼和着泥水在忙，这些活动和体验都是为着要成为一个未来的成功者做准备呢！

因此，如果你能正真的发现孩子这种内在的需要，就不会嫌他天天搞得一身脏、还把家里搞得一团糟了。因为你明白只有当儿童专心于真正有兴趣的工作时，才能自然养成爱学习、能独立、肯动脑、有毅力的好习性好品德；只有通过工作的引导，才能逐渐形成各种能力，进而成为独立的人。

工作人性论是蒙台梭利教学的中心思想，也是蒙台梭利最伟大的贡献。她认为人类有了工作，无论工作环境如何，待遇高低，都能在工作中获得充实，获得满足感，而且通过工作，还能解决衣食问题。相反，人如果没有了工作，人就会感到寂寞、无聊，还会胡思乱想，做些出格的事情。成人是如此，你的孩子同样如此，工作同样是他们的一种内在需求。作为幼儿教育引导者的父母应充分认识孩子所具备的内在需要，心智的需要，心智的发展，为他提供有预备的工作环境，并尊重他的工作，使他内在的力量得到及时发挥，使他们内在的潜能得以发掘，使他的独立性和意志力得以培养，使他在生命力不断展现的神秘世界中练习自己并进一步完善自我。

六、奖惩无用论

蒙台梭利说："成人自认是儿童的创造者，并以自己和儿童的关系判定儿童行为的好坏，成人以本身的行为，决定什么对儿童是好的，什么对儿童是不好的。成人永远都不会犯错，因此希望儿童效仿他们。儿童有任何成人认为是脱轨的行为，都会被成人视为一种罪恶，并且立刻被成人纠正。用这种心态对待儿童的成人，尽管他们充满热心、爱心，并自认为对儿童有牺牲奉献的精神，在潜意识里'属于儿童自己的人格'的发展仍然受到压抑。"

蒙氏理论

（一）奖惩无用

蒙台梭利一直认为：儿童智能发展的动机并不来自于外界的刺激，而是来自于儿童的内在。并以此提出了儿童教育的"奖惩无用论"。

在这一理论提出之前，大多数人都认为要将孩子的品行智力引向好的方面发展，就必须赏罚分明，做得好就该奖赏，做不好就要惩罚。蒙台梭利原本也这么认为，可是在她创办了儿童之家之后，通过对儿童的长期观察发现：奖赏或惩罚，对孩子的兴趣和注意力并不能产生多大的效果。

蒙台梭利曾看见儿童之家的导师对两个孩子进行奖罚：被处罚的孩子坐在一张椅子上，孤立于教室中央；而被奖励的孩子，导师给他佩戴一枚系着白丝带的银色十字架。但她发现被奖励的孩子对这个装饰物并不是很感兴趣，反而觉得这个装饰物妨碍了自己的工作，他来回走动的时候使得十字架掉落到地上，可是他却不去理会。反倒是正在受惩罚的那个孩子拾了起来戴上了，被奖励的孩子看到后一点都在乎。而受惩罚的孩子也毫无愧疚之感，坐在椅子上一会儿搓搓手脚，一会儿拿着十字架玩儿，一点被罚的感觉都没有。

可见受奖励的孩子，从工作中享受快乐和满足，无视于奖赏的价值；而受惩罚的孩子在十字架丝带上得到满足感，却毫无羞愧之心。通过这一观察，蒙台梭利也开始认识到奖惩并不会在孩子的教育上起多大的效果。

（二）奖惩不利于正确价值观的形成

1.无赏不动，不打不听

蒙台梭利认为：经常受鼓励的孩子，他的人格是建立在自己的认知和自我约束上，但悬赏式的奖励只会诱使他有奖才做，影响到他将来的价值观，以名利为衡量的标准；而如果孩子必须常受处罚才会偏差行为、停止乱来，那么他的听话完全是因为怕挨打挨骂，而非自我控制。长此以往，孩子可能会形成无赏不动，不打不听的坏习惯。

2.做事不积极，缺乏自信心

如果总是使用这种奖惩的办法，孩子除了不主动以外，也会缺乏自信，做事会害怕，因为他不知道自己做的事情对还是不对，这样孩子的内在潜能就不会充分发挥出来，更谈不上什么创新了。

（三）通过“自己选择”实现“自我控制”

蒙台梭利认为奖励和惩罚儿童的办法只能鼓励儿童从事那种不自然的，被迫的行动，不能促进他的自然发展。而教育不应该使人屈服于压力，人类的进步都是靠内部的动机，儿童也一样。当他的内部需要得到满足后，就会变得沉静，并且继续前进，获得满足和快乐，产生新的愿望。

因此真正行之有效的方法应该是引导孩子对自己的行为进行自我选择实现自我约束。

之所以采用自己选择的方式，是因为奖惩方法的实施都是以大人为中心，想要小孩接受大人的安排；相反，如果一切的事情经由孩子自己去选择，所有的情况将会有所改观。蒙台梭利认为要让孩子在环境当中体会自己的作用，体会自己有地位、有能力，可以自己完成工作，从而获得成就感和满足感。这对他来说已经足够了，根本不需要什么物质奖励。同时他认为这样做会让自己感到满足和愉悦，以后自然还会以此来要求自己，从而实现对自我行为的控制。

案例与解读

（一）孩子不吃这一套

妈妈吼着说："萌萌，叫你不要玩水，听到了没有？"

老师怒气冲冲："萌萌，请你不要到处乱跳，影响其他小朋友休息！"

阿姨笑嘻嘻："萌萌，乖！把这碗饭吃光，阿姨给你买糖吃！"

爸爸生气地喊："萌萌！跟你说过多少遍了，别往我办公桌上爬，看又把电脑弄黑屏了！"说着爸爸的手已经在萌萌的小屁股上啪啪地打了起来……

萌萌今天的确在妈妈威吓下停止了玩水，也因为糖果的奖诱吃完了饭。但是第二天呢？萌萌又开始玩水、乱跳、不吃饭、玩爸爸的电脑了……

妈妈被激怒了，把萌萌拉到墙角罚站。可是萌萌一点"错误感"都没有，还一边抠墙上的贴纸，一边问："妈妈，要站几分钟啊？"

妈妈差点崩溃，这孩子怎么油盐不进啊！

（二）让我自己选不就没事了

今天齐齐要和幼儿园里的小朋友出去郊游，妈妈特地给他挑了一件鲜艳的红色新上衣和白色小短裤，这是上个月参加幼儿园的歌咏比赛后小姨送给他的奖品。可是齐齐并不想穿这套衣服，他喜欢妈妈几个月前给他买的那件有超人标志的蓝色卡通上衣，他和小朋友都喜欢那件衣服，所以每次出门都要求穿。

妈妈没有答应齐齐的要求，她认为那件太旧了，这件红色的才更漂亮，并且强行帮齐齐穿上，还一再叮嘱他："有很多老师、小朋友一起玩，你要注意不可以把新衣服弄得脏兮兮！要听话，不听话小心回来爸爸打你……"

但是齐齐却把妈妈的话当成了耳旁风，出去之后还是不听话，去抓住正在叫的蝉，或一条游来游去的鱼，而且乱坐、乱钻地把新衣服弄得脏兮兮。

当郊游回来，爸爸妈妈看到他的脏样子时非常生气，认为这个孩子太"不听话"，该管教了！当妈妈问他为什么总是不听话，是不是想挨打的时候，齐齐却理直气壮地说："我说了不想穿这套衣服，可是你们就是不听。要是你们听我的话，让我穿那件蓝超人卡通上衣，我就不会弄脏了！要打，你打好了！"

【解读】

上面的两个案例很好地印证了蒙台梭利的奖惩无用论。就像案例一当中的萌萌，他对罚站没有任何概念，他不觉得自己是在受罚，还大言不惭地问妈妈要站几分钟。可见孩子其实对于奖励和惩罚并不感冒，因为奖励并不是他的兴趣所在，他也感觉不到自己是在受惩罚，奖惩的作用当然微乎其微。

有人也许会说，那么如果选择孩子感兴趣的东西进行奖励，或者把惩罚定的更加严苛让他能感觉害怕呢？很遗憾，恐怕结果会更糟！

就像蒙台梭利告诉你的那样，那样的奖励或者惩罚会让你的孩子变得很功利，以后他做什么事不再是出于自身意愿，而是看在“奖励”的面子上去做自己不喜欢的事情；或者抱着惧怕严惩的心态，畏首畏尾不敢多行一步路、多说一句话。你希望自己的孩子变成“无赏不动，不打不听”的势利之徒，还是希望自己的孩子内向、胆怯，随时都看别人脸色行事呢？

恐怕都不是！你只是希望孩子能够“听话”，听谁的话？当然是听你的话，因为从你的角度出发，你总是认为自己是对的，而且是为他好，为了让他能够成为一个“自律”的人。

家长的初衷也许是好的，只不过出发点选错了，我们习惯了从自身出发，以自我为中心，想让孩子接受我们“正确”的安排。可是在你的孩子看来，你的安排却未必是“正确”的。因为他有自己的想法，而且对你的安排不认同，所以他的行为自然会违背你的意愿。就像案例二当中的齐齐一样，他说了如果让他穿自己喜欢的衣服就不会弄脏。可见，家长跟孩子的关注点完全不同，你关注的是衣服的脏，而孩子关注的则是这是否是他选择的那件衣服。

如果反过来呢？假如你尊重孩子的选择，那么他会感到很有尊严，也会清楚地知道自己该负的责任；最主要的，他不会有被限制的压力。因为自理的行为是在自动自发的“活动”中实现的。那样孩子才会发现自己在环境中有作用、有地位，并且有能力自己完成工作，于是成就感、自我独立、自信心，乃至完美人格也就可以就此逐渐形成了！试想一下，我们成人不也是这样吗？当我们做一样事情成功之后，让内心的成就感已经—非常愉快了，不见得非要获得什么才行。

可见孩子要完成一件工作，并且在工作中学会自理完全是出于自发选择的行为，是为了满足自己的内在需求，大人的奖惩起不到根本的鼓励和约束作用，最大的用处不过是画蛇添足而已！

第二章　儿童之家教育模式

在前面的内容中我们经常提到“儿童之家”，这也是蒙台梭利一生致力的事业，那么究竟什么是儿童之家呢？

蒙台梭利自己说：“所谓儿童之家，就是指一个能够供给孩子发展机会的环境。这种学校并没有一定的规格，可以按照经济情况与客观环境而定。不过，它必须像一个家。”它包含四大要素——环境、教具、导师和儿童。在一个完美的环境中，有方便孩子的“硬体设备”——慎重选择过的“教材、教具”（静态）；还要有贤淑慈爱的“导师”，在其中担任设计教材和诱导孩子学习意愿以及在两者之间扮演沟通牵引的角色；当然还有主体人物——充满活力和学习意愿的“孩子”（动态）。其实综合起来，它们应该是一个整体教育孩子的环境。

蒙台梭利强调儿童是和成人截然不同的独立个体。成人必须重新看待孩子，发现孩子存在的价值，而不是任意将自我意识强加在孩子身上，而抹灭了儿童的人格意识。她说：“在探索儿童心灵世界的这件事上，成人切记不要用自己的角度，或以自我为中心。如果成人以自我为中心，去观察与儿童心灵有关的所有因素，只会增加对儿童的误解。”

因此，儿童之家的一切都是以孩子为中心的，让他们在一个更贴近于现实生活和自然的环境里，经过专业训练的导师有计划和步骤的引导，在自由宽松的气氛中开发孩子的生理和心理内在潜能，培养孩子的独立性、自制力、意志力和健全的人格。

一、设计环境

蒙台梭利说："环境就像人类的头部，影响着孩子整体的发展。"这一点我们已经在环境适应论中做过系统概述，也由此可见蒙氏教学法首重环境的特点。她非常重视环境给予人的启发，她说："环境是教育的工具。"她认为教育环境具备结构、秩序、真实、美感及自然等条件。而针对孩子敏感期所呈现的"预备环境"与"工作"，提供了自由的发展空间，也是蒙氏教育不致流于架空的纯理论，因为它务实地提供了学习历程中的进阶。自由而多面的环境，就好比"课程自助餐"，人人各取所需，滋养身心，并得以自我成长。

儿童之家的设计环境

（一）儿童之家的环境特点

1.它必须像个家

蒙台梭利认为儿童之家的环境不能光是一两间同样大小的教室，还必须有几个房间，有庭院，院子里有遮风避雨的设备——孩子可以在户外活动，还可以让孩子们在这里放些他们喜爱和能自己照顾的小花、小草、小动物、小摆设。附近最好还要有绿树成荫的花园，孩子们可以在树荫下游戏、工作和休息。

2.有专门为儿童设计的工作室及其他场所

儿童之家的主要房间是智力活动的"工作室"。工作室是"儿童之家"的最重要场所，置有长玻璃柜和带有两三格小抽屉的柜，玻璃柜很

矮，儿童可以轻松自如地到柜中取放各种器具。在抽屉柜里，每个儿童有他自己的一格抽屉，用以存放个人物品；墙的周围挂有黑板，儿童可以在上面绘画写字，还贴有儿童喜欢的各种图片，并经常调换内容；工作室的角落还铺有地毯，儿童可以在地毯上活动。

此外，儿童之家还配有较小的浴室、餐厅、更衣室、会客室、健身房、休息室等让孩子活动和生活的空间。在这里儿童是主人，他们饶有兴趣地活动着：进行各种感官和知识的训练、学习；他们做手工、唱歌、谈话、清洁、运动、用膳、午睡、照料动植物——儿童的学习、工作可由自己安排掌握，不受规定时间的限制。

3.能配合每个小孩的发展标准

儿童之家就是个儿童的世界，不论男孩、女孩，它完全配合两岁半到六岁大孩子的大小、速度、兴趣以及每个小孩在过去经验中已经达到的发展标准。因为每个小孩过去经验的差异很大，所以只有小孩本人可以作出最令自己满意的选择，而蒙台梭利教室就是提供机会，让他可以从许多不同程度的教材中作选择。

因此，儿童之家的设计是将孩子放在一个备有丰富吸引力教材的环境中，使他们能够轻松自在的工作。这些教材都在低矮的架子上，因此即使是最小的小孩，也能很轻易的取得。为了便于从事不同活动时可以弹性地安排空间，教室中的桌椅都是可移动的，每个小孩都能在地板的小地毯上很舒服的工作。同时每种教材的使用都能用不同的速度来进行，以适应教室中有许多能力程度不同的现象：一个较年幼或学习较慢的小孩，可能在不耽误其他成员的情形下，花几个星期的时间在同一教材上；而在同一个教室里，程度较好的小孩却可以在很短的时间内，从一项教材换到另一项教材，如此可以避免等待其他成员赶上的空闲时间，而不断接受不同的教材及不同使用法的挑战。

而蒙台梭利的理想也正是：让每个小孩的学习经验在适当的时机，自然而愉快的产生。

（二）儿童之家区域划分原则

1.日常生活区

(1) 生活是最初的活动，适合三、四岁小孩活动练习，所以通常会设有一个娃娃家，有建筑区和休息区。

(2) 日常生活区的位置一般选择接近水源的地方，能够及时通风，阳光充足。

(3) 工具的摆放上，因为桌面工作比较多，所以桌子数量也要较其他区域多。

2.感官区

(1) 适合教室中各年龄的小孩，通过视觉、触觉、听觉、嗅觉和味觉等感官的练习，训练孩子注意、比较、观察和判断能力。

(2) 感官区位置因为与数学、逻辑思考有关联性，应该尽量接近数学区，不宜设在教室出入口，以免影响工作进行。

(3) 大多使用工作毯，桌子少用。

3.数学区

(1) 选择设置与数学关联的布置，如：身高器、体重计、温度计、时钟等。

(2) 位置与感官区接近，所以应选择地毯工作。

(3) 由于数学教育纸上作业会在桌面进行，桌子也要有。

4.语文区

(1) 要设有阅读角，还要有美术区，因为画画是为书写做准备。

(2) 位置应安排在僻静的角落，光线要充足，有利于阅读与书写工作的进行。

（3）布置盆栽等绿色植物，提供软、硬靠垫。

5.科学文化区

（1）位置应靠近水源、电源、光源，利于进行实验和研究。

（2）需要足够的桌面，方便于各种实验的操作。

（3）户外需要有动植物照顾区，这样才能构成完整的科学文化区。

（三）儿童之家设计环境的六大要素

1.自由与纪律

蒙台梭利说："唯有孩子在自由的气氛中才会显露其本质。"自由的环境让孩子成长发展的内在本能有自由发挥的条件和机会。

她提倡在自由中建立常规纪律，独立性的养成、抑制力的培养、自制力的控制、分辨善恶、团体活动的规则、破坏性行为的限制，所以儿童之家教室中的一切都是自由的，具体包括：自由选择教具、自由选择活动、人际交往的自由、没有人为的比赛和奖惩。

2.结构与秩序

儿童之家的设计环境能够表现外面世界的结构与秩序，使儿童了解、接受，进一步建立自己精神上的秩序与智慧，从而使对自己的环境产生信赖，同时了解自己与环境沟通的能力。如此可以保证儿童从事有目的的活动，让他们知道如何去寻找与选择自己所需的教材。

为了帮助他们进行这种选择，儿童之家的教材会依据儿童的兴趣分类，并根据秩序的困难度与复杂度不同而排列。当然导师也会定期地更改环境中事物的排放情况，当发现部分教材被长久地忽略或者可能引导孩子进行新的练习活动时，也会将教材放在教室中较为显眼的地方一两天。

3.真实与自然

儿童需要将自然与真实的范围内在化，以免受各种幻想与幻象的干

扰，从而发展自我约束能力，探索内在与外在的世界，同时还可以敏锐地观察人生百态。

所以儿童之家的设施在设计上最大化地接近真实社会的情况，并且其中的冰箱、电话等都是真实的。而且教材大多只有一件，每个孩子不会同时拥有相同的东西，所以如果孩子想练习别人正在用的教材，他就得学会等待，等别人用完后才能使用。

蒙台梭利还特别强调发育中的儿童与自然界接触的重要性，所以儿童之家会让孩子们去照顾动植物，实现与自然界做最初的接触。更提倡让孩子有充足的时间去郊外，吸收自然世界的神奇与美妙。

4.美感与气氛

蒙台梭利认为美对儿童并非锦上添花，而是唤起他们对生活作出适当反应的绝对要素。真的美建立在简洁上，因此儿童之家无需装潢得多么精巧，但内部的一切却必须有良好的设计，并且具有吸引力：颜色明亮、有朝气而且协调。

而之所以称为一个家，其气氛自然必须具备轻松、温暖的特质，让孩子们喜欢这里并乐在其中。

5.教材与教具

蒙台梭利教材是她的教育方法颇为引人瞩目的部分，但是它的功能常被误解。由于这些教材（教具）是实际可以操作的，所以往往被人误解为训练儿童的各种技巧。实际上，蒙台梭利教具并不注重外在的教育功能，而是尝试通过内心来帮助儿童建立自我与心灵的发育。它们提供可以集中注意力进而启发儿童专心的刺激，因此可以帮助儿童成长。

6.社会性生活

社会性生活的发展包括维护环境、混龄生活、合作性工作的开放、对教室环境的拥有感与责任感、分享快乐与成功，这是蒙台梭利教学成功之处：

（1）它可以发展儿童对教室环境的责任感，维护教室秩序，如将教具归位、整理桌子、照顾动植物……

（2）培养儿童学习对他人的责任，在这里，孩子们有交朋友的自由，要学习对他人关怀、帮助、宽容。

（3）蒙台梭利教室是混龄的，每个教室一般有25人左右，3岁、4岁、5岁幼儿各约占三分之一，不同年龄的孩子共同生活相互提高。

设计你的家

蒙台梭利的儿童之家的确令人心动，它从儿童出发所准备的一切，让人能真真切切体会到孩子在这样一个环境中可以得到成长。所以，现在的很多家长也会把孩子送到蒙台梭利的“儿童之家”去学习生活。

如果条件允许，这当然是个不错的选择。可是如果你的经济条件或者生活环境没有给你提供这样一个选择呢？我们就要放弃这种教育方式吗？当然不是！父母本来就是孩子的第一个老师，而早教更是每个父母应尽的责任，我们当然有义务给孩子提供适合他们的环境。况且，儿童之家本来就是一个“家”，它能给孩子温暖和舒适，我们自己的家更是不在话下。我们只需要把自己的家稍稍改造一下，让它变成一个小的“儿童之家”，为自己的孩子提供一个适合他发展的小天地。

现在的城市房价越来越昂贵，每个家庭的生活居住空间并不是很宽裕，大部分的家庭不可能拥有庭院式的房子。我们只要根据自己的具体情况，首先要做的就是能给孩子一个温暖的家庭氛围；然后为他安排一间小小的“工作室”，陈设些经过你慎重选择的益智玩具（最好不是电动玩具）以及他的“工作”成绩；还要一间孩子专用的卧室兼起居室；并且要经常带他到公园玩耍或野外踏青，以补没有院子的缺憾——这已经是一个很好的蒙台梭利教育环境了。

至于如何能够让孩子拥有一间“工作室”，恐怕是很多父母伤脑筋的事情，尤其是房间本来就很少的家庭。那我们是不是可以先“委屈”一下自己呢？把我们的客厅腾出一部分或者改造一下家里的阳台呢？

一位妈妈是这样做的，当她拥有自己的房子时，她的儿子差不多两岁。于是她一直思索如何给儿子安排一个专属的工作游戏室，经过一番深思熟虑后，她决定贡献出客厅。在她看来客厅是家人使用最频繁的场所，但购置客厅的家具所需昂贵，又怕家中孩子搞破坏。孩子在两三岁是精力最旺盛，也是较难沟通的时期，与其禁止他们在沙发上跳来跳去，还不如不要这项家具，因此她放弃了沙发，只购买简单又便宜的柜子布置客厅，既节省又有利于孩子使用。

她将客厅的一隅设计成儿子的工作室，另一部分则为大人的空间。这样做非常方便，当有客人来访时，待客看孩子两不误。虽然很多朋友来做客时会抱怨没有座位只能坐地板，但是这位妈妈却会安抚朋友：大人牺牲一点，可换来孩子的快乐！”而且，这样做大人们能尽兴聊天，因为孩子到自己的“工作室”工作去了，便不会再吵闹；即使再来几个小孩也不会影响大人们聊天。所以，她的家成了朋友和朋友的孩子最喜欢来的地方。

其实，孩子的要求真的不多，他们只要拥有一小块属于自己的地方就很满足了，所以大人们能牺牲就尽量牺牲一点吧，孩子成长的时间是有限的，可是一个小小的空间带给他们的欢乐和发展却是无限的。

至于这样一个空间应该如何布置，你大可发挥自己的想象，不必拘泥于“儿童之家”的固定模式，以下内容可供参考：

首先，你可以根据家中空间大小，放置2～4个柜子，每一个柜子均分门别类的置放玩具或教具，如放置乐器类、图书类、感官类等等，并让孩子在家中如学校一样，学会将物品放回原处。

其次，了解你的孩子，选购该年龄发展阶段所需的教具与玩具。玩具

的功能性要多，让孩子在不同的年龄有不同的玩法，也可节省费用支出。

第三，为孩子准备一个涂鸦墙，以便他们的大作有地方展示。这可以是一个墙面或柜子背面，贴上白纸或者白板。

最后，教具或玩具的安全性很重要。不管是益智玩具还是特制教具，甚至家里的桌椅板凳、锅碗瓢盆都可以成为孩子的教具。但是前提一定是要保证它的安全，从材质到设计，安全性都要体现出来，让孩子可以安心安全地去工作。

当然，除了孩子的“工作室”之外，家里的一切设施也都应该是适合孩子的，因为这里本身就是一个天然的儿童之家，在这个环境里你是最希望他快乐成才的导师，衣食住行的各个方面都是他的教材和教具。

食：吃饭的桌、椅、勺子、抹布、手巾……等，都应适合孩子的尺寸，它们的大小、轻重都应该是适合孩子能够使用的。

衣：是否已为他安排了一个高度适中的衣柜，让他可以轻易地打开，将自己的衣物放入、挂好？

住：比如六、七个月大的婴儿，需要你为他安排一大片可供他爬的空间，会走以后，客厅、卧室都应特别设计，随孩子的成长而准备、改变……

行：除了为他安排了各类适用的小鞋外，是否在门外安排了一个空间，让他能把自己的鞋子放整齐？

之所以要以孩子为中心设计环境，是因为我们的安排，不仅要为他提供一个适合他活动的场所，更是为了培养他能够一切自己动手，不会依赖他人的“独立”性格。只要我们肯多花点心思，同样能够设计出像蒙台梭利儿童之家那样的环境，甚至更优于它。想想看，成人牺牲几年的时间与空间，换取孩子人格成长的完美，是不是绝对值得你去做的一件事情呢？

二、教材教具

蒙台梭利说："成人无法直接帮助儿童形成自己，因为那是自然而成的工作；但是成人必须懂得细心地尊重这个目标的实现，也就是提供儿童形成自己所必要的而他自己却无法取得的材料。"

对儿童的教育，需要有教材，有自然界的教材，也需要社会生活中的教材，书本教材。蒙台梭利利用她的教具作为教材，她把生活中的教材，实际上教具化了。对"教具"一词，蒙氏本人曾公开地表示，她不喜欢这个名词，正确的名称我们应该叫它"工作材料"。它的主要作用不是辅助上课的物品，而是供给幼儿作成长"工作"时所用的"材料"，兼具增进智力和改善性格的目的。她设计的这些教具都是供单个儿童操作的，因此，具有鲜明的特点。

蒙台梭利教具的鲜明特色

（一）教具特点

1.有孤立性

蒙氏教具不选用五彩杂陈的色泽，教具颜色以朴实、干净的色调为主，因为它具有教育意义，所以通常用单色调，突显真正的教育目标，也就是具孤立的特性。如粉红塔的十块木头全部都是粉红色，而棕色梯就只是棕色。

2.容易搬动

教具最重要的目的是符合儿童的内在需要，所以每种教具的重量和尺寸大小，只以儿童的能力为考虑范围，考虑这项教具儿童能否搬动。如粉红塔最大的一块，儿童也可以搬得动。

3.具有吸引力

蒙氏教具每一种都有它的特色，都有能够吸引儿童的因素，这个吸引儿童的因素或是在颜色上，或是在重量上，或是在声音方面，这让孩子们非常喜爱并乐于操作。

4.有顺序和步骤的规律性

蒙氏每一种教具的单独或联合使用，都有其步骤和顺序才能完成，若没有按照她设计的步骤走的话，就会出现错误，出现错误就有一个自我控制的方法，所以在设计上或使用方法上，都由简单到复杂，培养孩子了解步骤，重视秩序，并间接地培养其“内在纪律”、逻辑思维和推理能力。

5.间接的预备性

蒙氏每种教具都具有直接与间接的教育目的，帮助孩子准备，适应未来的生活，如在教具的形体变化上，像几何图形在操作上让孩子掌握，而且拿着几何图形还可以变化。用纸画各种形状，为将来学习做准备，因此具有间接的预备性。

6.具有控制错误的特性

蒙氏教具在设计上具有控制和纠正错误的特性。可使儿童自行发现错误，并自行改正。如粉红塔，相邻的两块都相差1厘米，这也是最小的那块的尺寸，所以在堆完塔后小朋友可以拿起最小的那块，量一量各块之间的差距，他会发现恰好都是1厘米。

7.具有数学属性

蒙氏教具由步骤和秩序当中培养孩子逻辑习性和推理能力。每一种教具都有它等差的数学关系。如长棒，每一长棒之间都相差10公分，有等量的、等差的关系，有数学属性。

（二）教具设计原则

1.教具最初以具体表达概念的方式出现，随后逐渐转为抽象。

2.教具设计与使用都是由简而繁，由集中到分化。

3.教具含有错误订正功能。每一种教具儿童所要发现的问题与错误必须只限一种。

4.教具都是针对自我教育，不是老师用来授课的物品，是让孩子通过动手操作，自我学习的材料。

5.教具能间接帮助儿童日后的学习。

（三）教具的种类

蒙台梭利教具繁多，据统计至今已经有349种之多，而实际上这些教具都有哪些是蒙台梭利自己创制的，却很少有人去研究。所以可见有一些必是经由后人自己发展出来的。

但这并不违背蒙台梭利的教育精神，因为她并不认为蒙氏教学法是一种永恒的结论。她懂得生命是具有变动性的，随着时代的变迁，教育的发展自然有因循，也有创新。所以，哪些是她亲自创制的不重要，只要符合蒙氏教育法的要求和作用，我们甚至可以自己在家里给孩子做。

教具与玩具的不同

（一）案例

多多把一盒积木"哗"地倒出来，然后蹲在地板上，将五颜六色的积木一块接一块地往上堆，最后堆成了一座美丽的"城堡"，大功告成后他将积木往地板上一扔，头也不回地去找别的玩具玩儿。

西西拿出一块地毯铺在地板上，再从架子上将10块粉红塔由小到大，一块块地取了下来，放在地毯上。然后自己坐下来，将最大的一块，放在第一层，接着将剩下的方块由大到小一块一块垒上去，直到最小的一块也摆好，接着用手检查了一下自己摆的是否整齐。做完这些后，西西又一块块地将方块按顺序放回架子上，也把地毯收好放回原处。

同样是堆积木，但多多和西西却是在做两种不同的活动：多多玩的我们称为"玩具"，而西西玩的我们称为"教具"。

（二）什么是教具

1.教具带有"教育"的功能

教具的教育功能使它具有严肃的意义，因此它不能随意地被安置在客厅或浴室，它必须有自己专属的"活动室"，还有特定的使用规则，这样它的功能才会被尊重。

2.教具具有特定的教学作用

如案例中的粉红塔，它的教学作用是为了让孩子能以触觉与视觉来分辨大小，所以在颜色上也就设计较单一化，目的在于使其注意力的集中，而不会为其他因素所干扰。当然，在孩子能完全地熟悉这个基本功能后，它才会被允许与他种教具变化地使用。

3.教具具有“秩序”感的教育特质

教具教育孩子了解大小、轻重、高矮，乃至最大、次大……至最小，让孩子能产生次序、顺位等秩序感；这种特质不只显现在教具物的本身，也旁及到外围的一切事物。所以，我们看到案例中的西西有秩序地取下教具，有次序地归位以及养成尊重它、维护它的素养。同时有助于孩子间接形成“长幼有序”和“先来后到”等社会伦理和社会秩序。

（三）什么是玩具

1.玩具的教育意义不十分明显

玩具没有明显的教育意义，其大部分目的在于勾引孩子的好奇心，然后赚取孩子父母的钱，但是孩子玩不了多久就会腻，然后束之高阁。

2.玩具没有特定的教学作用

因为没有特定作用，所以玩具的设计比较随意，它可能五彩缤纷，颜色杂乱无章等。玩具的想象力可以说是天马行空，在制作上也没有特定要求，这就造成它不可能具有特定的教学作用。

3.玩具不具备“秩序”感

有孩子的家庭一般都会有一个特点：乱！其中最大的根源来自于宝宝的玩具。就像案例中的多多，玩完玩具便会随地乱扔。在家长和孩子看来，玩具就是用来玩儿的，所以尽管很多家长会要求孩子将玩完的玩具放回原处，但是孩子依然会乱丢，这源于他们本身对玩具的不尊重。同时玩具本身也不具备教具那样的秩序感，自然也无法教会孩子如何遵守秩序了！

三、导师（启导员）

蒙台梭利说："激发生命，让生命自由发展，这是教育者的首要任务。在进行这样一种细致的工作时，需要有高度的艺术，要把握时机和恰到好处，不致造成干扰和偏差。孩子们的心灵正在充分发展，他们的生命依靠自己的力量，而我们只能是帮助他们。"

蒙台梭利的儿童之家是以"儿童为中心"，这与传统幼儿教育的以老师为中心完全不同。她说："孩子是自己的老师。"而老师只是孩子在环境中一个重要的沟通桥梁，引导孩子走向一个自律且自我教育的发展。"身为一个教师，应该是教得少而观察得多。"以启发和诱导为手段，让孩子乐于自由、自动地去动脑筋，使智力和体能不断地增长。所以，蒙台梭利的"老师"在"儿童之家"被称之为"导师"或"启导员"。

蒙氏导师的特点

（一）蒙氏导师的三个准备

1.精神的准备

蒙氏儿童之家的导师一定要具备良好的心理素质，对待学生的情绪始终如一，所以要做好最充分的精神准备，调整好自己的状态，不把个人情绪带进教室。

2.外表的准备

蒙氏儿童之家的导师应对孩子的工作环境精心经营，这种环境当然也包括导师的着装，要做到整齐、大方、朴素。

3.技术的准备

蒙氏儿童之家的导师要熟悉各种教具，对孩子可能遇到的重点、难点要有预见性，并且具备正确引导和解决问题的能力。

（二）蒙氏导师应具备的能力和素质

1.懂得蒙氏的原理和教学法

作为蒙氏导师自然要懂得蒙氏原理，蒙台梭利是一个教育家、科学家、实践家，但同时又将这些实践、研究、教育理论诉诸笔端，撰写过《教育人类学》、《童年的秘密》、《吸收性心智》、《家庭中的儿童》、《儿童的发现》等教育理论著作。这些书里的教育理念虽然没有经过系统的整理，但是却都是她用观察和实践总结而来的。

正因为蒙氏实践理想和方法的“教具”，是根据对“儿童的发现”而设计的，懂得原理和方法的导师，才会在指导儿童学习的“工作”时，会深知“它”其中的目的、程序与启、导之间的变化。她会懂得孩子内心的意识，和学习的能力与自然的限制；以及什么年龄，什么心态应该给他什么东西，从而予以正确地指导，才会有效地帮助他们的身心能够正常发展，并提高其智能潜力。否则，如果导师不明白这个道理，便会一成不变地、机械式地指导儿童，反而忽略了儿童内在的需要和因他们成长的法则和个别的差异而造成不合理、无效果的干预行为，甚至对孩子造成伤害。

2.懂得操作和使用教具

在蒙氏的儿童之家，孩子们主要是凭借教具获得智力与体能上的开发，而教具的介绍，必须靠导师适当地提示，所以导师作为一个非常重要的媒介人物，一定要懂得如何操作和使用教具，不但要能简易、简洁与客观地示范给孩子教具的使用方法；还要能随时了解孩子对此项教具的反应，以决定启发他继续操作或引导他暂时停止。

3.具有为孩子设计预备环境的综合素质

蒙氏的导师是环境的设计者，他是一个教材、教具和良好气氛的负责“准备人”；在预备环境时，明白孩子的需要是首要考虑，他应该能根据观察所得，设计和准备出一个适合孩子们成长的环境。

4.缺损的、不完整的教具，不要放在蒙氏教室中

蒙氏的导师不仅要会设计环境，更应该是这个环境的维护者，让孩子在环境中的每一次接触，都是完整的学习。

所以对于那些缺损的、不完整、有可能会危害到孩子的安全或者影响孩子的使用和做出判断的教具，一定要进行及时检查和修复，无法修复和正常使用的要及时清理，不要留在蒙氏教室当中。

5.具有对儿童耐心、爱心的优良品德

蒙台梭利提倡的教育首先是要以爱为基础的，所以蒙氏的导师不仅要具备理论和实践知识，更应该具备一颗有爱的耐心。有爱心、耐心、高度教育修养的导师，才能使孩子的智力与体能得到有秩序、有层次的发展。

因为，虽然儿童在本能上有与生俱来的“内在的动机”，会驱使他们主动地去接触环境、喜爱环境，以及各种各样的教具；但如果没有导师的“爱”去关注和启发儿童的学习兴趣，便难以持久且容易见异思迁，从而使蒙氏倡导的幼儿成长的“工作”，变成一般成人眼中所谓的“游戏”。

6.必须具备科研能力，是一个细心的“观察者”

蒙氏导师还要是一个细心的“观察者”，他每天的主要工作就是观察，他必须敏锐地观察每个小孩的每项兴趣与需要：观察孩子的秩序、手眼协调、专注、独立特质，是否能在环境里显现；观察孩子是不是能在其中建立语言、数学或其他学术上的智力；观察孩子是不是能温和地和其他孩子互动……

当看到孩子选择某种教材时，他会主动示范该教材的正确使用方法；能看得出孩子预备好的时机，当孩子选择的教具超出他的能力范围时，他必须及时发现并将孩子的注意力从该教材引导开来；他能很仔细观察每个孩子的进步，并记录下孩子使用教材的情形；当发现孩子犹豫胆怯时，他又必须要鼓励孩子；发现孩子做错了，作为导师最好不要介入，让孩子从不断改正的过程中发现自己的错误……这种从观察中进行教育的程序完全符合了蒙台梭利所说“孩子从经验中学习”的原则。

7.具有成功的启发技巧

蒙氏导师能够协调和引导孩子如何和环境接触，他是一个孩子学习“灵感”的“启发者”，与转变“头脑”的“诱导人”，为的是“让孩子们自己去打开吸取知识的灵窗，运用自己的思考，而日新又新”。

所以，作为蒙氏导师的启发技巧非常重要，他必须掌握非传统的以成人为中心的启发方式，而用蒙氏的以儿童的思维为中心的发散性的启发方式。比如同样是两个球，用传统方式提问的老师一般会这样问：“小强，来看看这两个球有什么不同？哪个大，哪个小啊？”而蒙氏导师的启发方式却会这样：“小强，来摸摸这两个球，你发现了些什么？”这两种提问方式很明显会得出不同的结论，传统的启发方式明显只会有一个正确答案，但蒙氏的启发方式则会产生多个答案，而这些答案是通过孩子自己的观察去发现的。很显然，蒙氏的启发技巧更胜一筹。

8.以饱满的精神状态和孩子一起成长

蒙氏导师有平和的心态、满腔的热情来领略、接纳孩子内心流露出的真情。同时还要摆脱成人的专横和自以为是，这在蒙氏的儿童之家里，是一个相当大的“障碍物”，它会遮蔽导师对孩子的认识，容易产生武断与强行方法。

因为在蒙台梭利的教育理念里，“孩子是自己的老师”，而“大人”则是受教的一环，所以作为蒙氏导师必须抱有活到老学到老的决心，以饱满的精神状态和谦虚仁爱的态度，以儿童为师，和孩子一起成长。

蒙氏导师与普通老师的不同

普通老师	蒙氏导师
站在教室正前方的讲台后面	没有讲台，没有所谓“教室的前面”
发号施令的权威性角色	亲切和蔼的引导者角色
集体巡回指导，一般不做记录	个案指导，详细记录
集体辅导，强调负面	正确引导，正面鼓励
创造竞争气氛，评比多、竞赛多	让幼儿宽松自由，自我超越，个体纵向比较
要求多，干涉多	尊重多，不做过多干涉
制定活动时间，让幼儿按计划做	让幼儿自由选择支配时间
不关注教具的作用	根据需要创新教具
说得多，教的多，孩子做的少	引导孩子自由选择学习内容
保护多，限制多，替代多	让幼儿开放自我发展、提供适时帮助
高高在上，不尊重孩子	谦虚仁爱，尊重孩子
有爱心，但有偏爱现象	有爱心，爱得平等

四、儿童

蒙台梭利说："儿童的进步不是取决于年龄，而是取决于能够自由地观看他周围的一切。"

在一般的教育中，儿童很显然是被教育的对象，但是在蒙台梭利的儿童之家中，儿童却是教育的主体，他们是自己的老师，他们通过对教具的使用，通过自发的工作和学习，让自己的身心和能力得到迅速提高，儿童之家的一切——环境、教具、导师，都是为他而设的，他是真正的主导者。

儿童的工作

蒙台梭利从不认为"好，就等于安静和不乱动"，所以在蒙台梭利的儿童之家中，总会听到忙碌的声音，那是孩子们在"工作"，他们在使用那些教具，这些教具的使用包括了很多动作——走路、搬运东西、倒水、说话，特别是要不停地使用双手。孩子们需要通过这些工作来反复练习，提高自己的能力，正如蒙台梭利所说："反复练习是儿童的智力体操。"孩子们在"做操"，所以有声音是很正常的。

然而，孩子们的工作和练习并不是杂乱无章的，虽然他们在一直不停地练习和活动着，但所有活动的进行都是有秩序的，它们都受一个纪律引导：尊重老师、尊重其他人的工作，以及尊重教材本身。

蒙台梭利认为，儿童的自律是由专心于有意义的工作而渐渐形成的。当一个孩子对儿童之家的某项活动非常感兴趣时，他的行为几乎总是成熟的；即使会有个别孩子在儿童之家中有不适当的行为表现，导师也可以适时帮助他选择较能吸引他注意的活动，来间接矫正之前的不当行为。

所以儿童的工作在这里受到了尊重，孩子们有工作的自由，他们可以通过专心的工作形成自我约束和提高心智发展，这是他们自己选择、自然发展的结果！

混龄教育

混龄教育是蒙台梭利儿童之家一个鲜明的教育特色，这里的孩子不像幼儿园那样根据年龄分成大中小班，而是让2.5～6岁不同年龄的孩子在同一个环境下工作学习。这里俨然就像一个小社会，儿童可以自由选择工作。只要他们喜欢，就会主动地参与其他儿童的活动。蒙台梭利教室的孩子们，一直生活在活跃的社会中。

但是对于这样的教育方式，很多家长会有顾虑：家长担心自己孩子小会被大孩子欺负；而大孩子的家长又担心自己的孩子只能给小孩子提供帮助，自身却没办法得到提高，不能学到更多的东西。

对于家长们的顾虑，蒙台梭利有自己的解释：混龄班有利于儿童交往、合作。儿童向儿童学习比向成人学习会更自然而有效，模仿起来更容易，而且不感到受压抑。年长的儿童不但可以巩固加深自己的知识，还将意识到他们所做的一切会被年幼者重复，从而督促自己要为年幼者做出积极的、正面的行为示范。

可以看出儿童之家的混龄教育有自己的理由、意图和目的。这样做的好处之一是让孩子们学会了如何与人交往，不同年龄层的混合为年纪小的孩子提供了不同的模仿对象，较大的孩子也在提供帮助和示范的前提下增强了自己的知识，孩子们同时养成兄友弟恭、乐于助人的良好社会行为。况且，儿童之家的教具适合不同年龄段的孩子，所以家长完全不必担心自己的孩子大就学不到新东西。小孩子的家长也不要害怕自己的宝宝会受欺负，因为大孩子所提供的帮助是家长和其他成人所无法给予的。

第三章 八大儿童敏感期

蒙台梭利在《童年的秘密》一书中，提出敏感期的观念，幼儿在某段年龄期间会对某种特定技能表露出强烈的兴趣及学习能力，接受某种刺激的能力是异乎寻常，这就是所谓的“敏感期”，蒙台梭利说：“正是这种敏感期，使儿童用一种特有的强烈程度去接触外部世界。在这时期，他们对每样事情都易学会，对一切充满了活力和激情。”而人的智力发展正是建立在幼儿敏感期所打下的基础上的。

儿童敏感期一般分为八个：语言敏感期、秩序敏感期、感官敏感期、关注细小事物敏感期、动作敏感期、社会规范敏感期、书写与阅读敏感期、文化敏感期。

了解孩子的敏感期，家长可以更好地观察孩子处于什么样的发展阶段，理解他们出现的一些特殊的行为，更好地创设适合这个年龄阶段发展的环境，为孩子的学习提供更好的机会，以促进其发展。

一、语言敏感期（0~6岁）

蒙台梭利说："发展乃是一系列的再生，当一种心智品格结束的时候，便开始出现另一种。"

重复与模仿（0~2.5岁）

（一）敏感表现

1.婴儿在0~8个月，孩子就具备了惊人的语言模仿能力。给孩子有声的玩具，孩子就会发出"咿咿呀呀"的声音，尽管大人的话他还听不懂，但他却是在为听懂做积累，作为父母应该多与孩子在语言、眼神、肢体等方面交流，这有助于孩子大脑的开发，为语言的发展奠定基础。

2.9~12个月的孩子对周围的声音会更加敏感，他们开始进入语言理解阶段，常常会模仿，这时父母就应该帮孩子练习发音，让他模仿发音，进行模仿语言积累词汇的简单重复。

3.1岁左右的孩子开始学习语言，喜欢简单词的重复和模仿，比如，他会重复不断地喊"妈妈"，可是当你过去之后他却只是对你笑笑，然后继续自己玩儿，当你走开他又开始叫。

4.简单词汇的重复一直会到2.5岁才会结束，因为这段时间的孩子会用简单的词代替整句话，渐渐过度到会用简单的句子表达需要。在这个过程中，他们就是喜欢不断重复。当不再重复词语时，就又会重复模仿简单句了。

（二）父母须知

刚刚出生的孩子就像一张纯净的白纸，这张白纸将随着孩子的成长而变得五彩斑斓。其中语言是自然赋予人类的一种本能，只要是正常、健康的婴儿，都有语言天赋，其潜能是巨大的。父母应该做的是在婴儿出生后，就将其“浸泡”在丰富的语言环境中，这样他才会如海绵吸水样，吸收大量的语言信息。

同时父母针对孩子各语言阶段的不同特点对孩子多加引导，才能让孩子的语言模仿能力迅速发展。当然，孩子还会模仿某个词或某些词，这些词或好或坏，但在孩子眼中并没有好坏之分，不过，作为父母，还是尽量在孩子耳边说一些优美的语言。这样，孩子模仿出来的词，也才会是优美的。

词语、句子的使用（2.5～4岁）

（一）敏感表现

1.认知与语言相匹配，进入幼儿期的孩子已经能从一些无意识的简单发音过渡到有意识的发音，并且能够把看到的事物和说出的语言对上号。比如，他叫“爸爸”的时候会看向爸爸，而叫“妈妈”的时候则会看向妈妈。

2.能正确使用一些自己还不太理解的词汇、语句。这一时期的宝宝已经会说一些词语和简单的句子，他喜欢用自己新学的词语和大人交流。比如，他看动画片里的人物在遇到危险时说了句“大事不妙”，自己也会在碰见感觉危险的事情时说“大事不妙”，尽管大人觉得这些词语他还理解不了，但是你的宝宝的确已经将其掌握并运用得很好了！

3.重复大人说的每一句话，不管对方说什么、对谁说，他都要学，而且每一句都不错过。比如，你对自己的宝宝说：“天亮了，该起床了！”

他重复“天亮了，该起床了！”你进而生气地跟他说：“我是在说你！”他同样会重复“我是在说你！”他只是一味重复别人的话，而对表达的内容并不关心，甚至置身事外！

（二）父母须知

首先，一旦发现孩子的感觉认知与语言能够匹配时，父母应该表扬他，欣赏他，鼓励他，给孩子以鼓励，强化孩子的这种正确认知。

其次，父母要注意自己的口语表达，因为孩子模仿的语言、重复的话几乎都来自于日常生活。他在这一段敏感期内，会模仿口语，练习口语，并感觉语言的音韵，不断地重复语言，在使用的过程中把语言内化。这是孩子学习语言必经的过程。所以，父母一定要注意自己在日常生活中的口语表达，一定要谨慎，要说规范的、准确的、文明的语言，要给孩子创造一个好的、文明的语言模仿环境。

最后，也是最重要的，父母要有耐心，孩子的每一点进步，都离不开家长的细心教导，为了让你的孩子尽快用语言表达自己的想法，在孩子进步的过程中，父母一定要多用心引导。

用强烈效果的词验证语言力量（3~4岁）

（一）敏感表现

1.孩子学会骂人，嘴里变得“不干净”，他已经三四岁了，完全知道自己在说什么，是什么意思，但是他还是喜欢满嘴脏话，任你怎么批评教育甚至打骂，他都不改。他学会了说“笨蛋！”“滚！”，甚至国骂，这一切让你听来不堪入耳，但是你却束手无策，因为他根本不听管教。

2.学会发狠诅咒，表达自己的不满和愤怒，他甚至觉得骂人还不过瘾，语言进一步变得暴力恶毒，咬牙切齿的诅咒不绝于耳。他一不高兴就

会说“我打死你！”“去死吧！”“把你撕烂！”……这些让人听了难堪又伤心的话成了孩子的口头禅，你觉得自己的乖宝宝变得很可怕，但他自己却觉得很过瘾！

（二）父母须知

首先，要正确对待，明白你的孩子并非在学坏。很多父母认为孩子说脏话和诅咒是在学坏。其实，孩子本身可能并不明白这些话的含义，只是看着别人高兴或不高兴的时候这么说，他也就学着说了。他这么做不过是想引起别人的注意，或是宣示自己的个性而已，而不管别人的反应是好还是坏。

其次，学会冷处理。很多孩子之所以不改诅咒和说脏话的坏习惯，就是因为父母对此表示过震惊和惊慌，甚至还威胁他说，如果继续说脏话，将如何去惩罚他。这对孩子反而是一种刺激，他就会更加感受到诅咒语言的神奇力量，更喜欢去说这样的话。父母对此如果不予理睬，不急着纠正，而是继续做手边的事情，孩子看不到预期的效果，过一段时间就会放弃这种“有力量”的语言了。

第三，孩子说脏话，一定是从哪里学到的。父母要从孩子所处环境出发，去寻找脏话的源头。更要以身做则，杜绝脏话，给孩子一个纯净的语言环境。

自言自语与悄悄话（3～4岁）

（一）敏感表现

1.特别爱“唠叨”，没事儿就“自言自语”。不管时间地点环境，他总是想起什么说什么，连自己一个人玩儿的时候也会不停地唠唠叨叨，自言自语。

2.爱说悄悄话，没事儿就爱趴在大人耳边说上一阵，但是这悄悄话也太静悄悄了，通常情况下根本听不清他在说什么，因为大多数情况下他只是嘴巴在动而已，根本就没有出声。

（二）父母须知

首先，对于自言自语的孩子，我们要认识到这种现象的产生是婴儿由外部语言向内部语言转化的一种过渡阶段，所以特别需要家长引导，当孩子自言自语时，要主动加入到他的语言中，与他进行对话，了解他的思想，发展他的语言能力。如果在自我语言时期孩子的语言交流受到阻碍，不仅影响到其语言的发展，还将造成他性格的扭曲。

第二，对于喜欢讲悄悄话的孩子，作为家长要懂得欣赏和配合，当父母了解了孩子的“悄悄话”敏感期后，也可以利用孩子的这个悄悄话来引导孩子想象，进而更多地表达自己。父母甚至可以主动地与孩子讲有声的悄悄话，这种说话方式很容易吸引孩子的注意力，而且孩子也会愿意以同样的方式与父母交流。这样，孩子也会在悄悄话中与父母沟通情感，感受到父母对他的爱，更能提高自己的语言表达能力。

口吃：获得语言时的退化现象（3～4岁）

（一）敏感表现

1.平时说话很好，一兴奋就结巴。虽然3岁以后的孩子语言表达基本已经不成问题，一般的宝宝平时跟人交流都没有问题。但是有的孩子人一多或者一兴奋，说话就开始不利索、结巴，好像不知道该如何表达了。

2.家长批评越严厉，口吃状况越严重。每个家长都希望别人羡慕自己的孩子聪明机灵，可是往往事与愿违，家长越希望孩子伶牙俐齿，他却越笨嘴拙舌，甚至出现口吃。这时候家长往往恨铁不成钢地批评，可是越批评越适得其反。

（二）父母须知

首先，当父母面对孩子暂时的“口吃”现象时，千万不要讥笑、斥责孩子，更不能打骂或是惩罚孩子，家长凶巴巴的样子会把孩子吓坏，孩子更表达不出来了。即使是下意识地要求孩子“好好说，别结巴”也是不可取的，这也会加重孩子的心理负担，让孩子产生更强的紧张和胆怯情绪，从而加剧孩子的“口吃”程度。

其次，要有耐心，鼓励孩子慢慢说，别着急，甚至可以帮孩子把他想说的话说出来，以缓解孩子的表达压力。但不要模仿他，也不要提示他，不要让孩子注意到他的口吃。

第三，在孩子“口吃”现象发生的特殊时期内，父母应该注意放低自己对孩子的要求，给孩子提供一个相对宽松的语言环境。

第四，对孩子持续的口吃现象不要掉以轻心，“口吃”现象是语言敏感期的一种特殊表现，一般不需要治疗。但是，如果这种现象因为某些因素而持续下去的话，就比较容易成为口吃，所以，父母首先要弄清楚是心理原因还是生理原因，然后对症下药，以免影响孩子语言能力的健康发展。

表达心中的感受或想法—哭泣（3～6岁）

（一）敏感表现

1.睡醒或者害怕的时候会哭。虽然3～6岁的孩子已经基本能够表达自己的感受了，但是很多时候他还是选择用哭的方式来传递信息。比如，宝宝一觉醒来，看到妈妈不在身边，他心里有点害怕，想要妈妈抱，他听到妈妈在隔壁房间说话，但是他却不喊妈妈，而是放声大哭。

2.表达需求的时候会哭。有的孩子内心有需求的时候也会选择用哭泣的方式表达。比如，他看到了一个喜欢的玩具，但是父母没有注意还催促他快走，于是他便开始哭泣，他是在告诉你他真的很想要那个玩具。

（二）父母须知

无论孩子是因为害怕哭泣还是因为内心有需求哭泣，作为父母都不应该大声斥责，那只会使他哭得更加厉害。父母在孩子的语言敏感期内要教孩子学会用语言表达自己，而不是用哭泣引起别人的注意。

一定要抓住孩子学习语言的敏感期，引导孩子学会表达，而不能任由孩子用哭泣来发泄自己的情绪。因为在语言敏感期，孩子不仅要学习语言表达，还应该养成良好的思维方式。如果你鼓励他说出自己的想法，他可能会鼓起勇气告诉你。一旦他的愿望得到满足，下次再遇到类似的情况，通常孩子会选择用“说”的方式，而不再只是“哭”。

二、秩序敏感期（0~4岁）

蒙台梭利说："儿童是人类的创造者，社会必须重视儿童，承认儿童的权利，满足儿童的需求。因为儿童幼小的心智创造能力，即使在最微弱的暴力阴影下，也可能被窒息而夭折。"

给物品找主人（0~4岁）

（一）敏感表现

1.不是自己东西就不要，这种现象在孩子的婴儿期就会有所表现，很明显的一个表现就是不肯穿新鞋，他觉得那不是自己的，坚持要穿自己原来的那双才肯出门，即使你告诉他这是他的新鞋子也没用，非得他自己熟悉了、认可了才肯穿。

2.每个物品都有自己的主人，其他人不可以乱用。孩子在这个时期，喜欢给物品找"主人"，不让别人用不属于自己的东西，而且他自己也不用别人的东西，因为那些东西在孩子的内心已经形成了秩序。所以一旦秩序被打乱，他就会努力去恢复这种秩序。

（二）父母须知

对成人来说，秩序混乱可能很正常，但对孩子来说，那就是很大的事情，是绝不允许的。所以，在这个敏感期内发生孩子给物品找"主人"的现象再正常不过的了。所以如果你发现自己的孩子最近变得很固执，不要

认为孩子是在任性，是没事找事。有这种行为发生，表明孩子很正常，到了秩序敏感期。

父母要做的是满足孩子的要求：孩子看到父母或家人穿的鞋子、坐的座位“不对”而要求更换，尽量满足，这并不是娇惯，而是尊重孩子正常的心理特征。

同时，你可以很好地利用孩子的秩序敏感期来培养他养成良好的生活习惯，比如，不是自己的东西不能拿，不能用。还比如，在孩子的眼里，餐具、洁具也是专人专用的，其实这样既卫生又文明，当然孩子可能没有想这么多，只是他觉得应该这样，家长可以顺势而为，既保护他的秩序感，又养成卫生文明的好习惯，何乐不为呢？

归位：保持有秩序的环境（0～4岁）

（一）敏感表现

1.不会表达的婴儿看到东西“乱放”就大哭大闹，因为乱放使他感觉身边熟悉的环境发生变化，而这会让他变得很焦虑，甚至用大哭大闹的方式来提醒大人将东西“归位”。比如，原本干净的桌子上多了个鱼缸，他便开始大哭，当你把鱼缸拿走，他也就停止哭泣了。

2.一定要放回原来的位置。秩序敏感期的孩子对于没有归位的东西是无法忍受的。他一定要让鞋子放回鞋架，铅笔放回笔筒，帽子挂回衣帽钩……才肯罢休。否则就会不依不饶、“寝食难安”，什么都做不下去。

3.除了东西要归位之外，人也必须“归位”，该谁做的事情谁就必须做，别人不能代替。比如本来应该妈妈做的事爸爸却做了，本来应该奶奶做的事妈妈却代劳了，这同样是宝宝所不能容许的。

（二）父母须知

秩序敏感期最早在孩子三四个月大时就会出现，但是因为孩子不会表达，而父母又对此不太了解，所以很多情况下，父母常常会误解孩子的意思，孩子也就只能用哭闹来表达不满了。

对于处于这个敏感期的孩子来说，秩序是非常神奇的，他会把所有不“到位”的东西都“归到位”，因为在他看来，周围的环境就是一个彼此相连的整体，这已经在他的头脑中留下了深刻的印象，这就是秩序。只有在有秩序的环境中，他才会感到安全。而在没有安全感的环境中，孩子很难对周围的环境进行有效的认知，他们哭闹也是非常正常的，父母对此应该理解，并允许孩子“归位”，甚至是创造机会让孩子“归位”。

孩子会把全家人的鞋子都按顺序排好，孩子会把自己的餐具摆正，吃完饭后会把自己的椅子归位……孩子在无形中做了很多事，如果孩子不做，父母就得去做。所以聪明的父母会利用孩子“归位”的敏感期，培养锻炼孩子的自理能力。当孩子这么做时，要鼓励孩子，表扬孩子，强化孩子的这种行为。

重复和重来（2～4岁）

（一）敏感表现

1.喜欢的事就重复做。2～4岁的孩子喜欢将同样一件事情反反复复地去做，尽管这些事在大人看来毫无意义并且很无聊，但是他们还是乐此不疲。他每天同一时间都会用同样的顺序去垒积木，喜欢反复听同样的故事，看同一本画册，猜同一个谜语……父母认为很无聊的事情，但是他却一做就是半天，一点也不觉得烦。

2.不顺心的事就重来。如果孩子认为一件事没有按他所希望的顺序来进行，那就必须“重来”。比如他喜欢自己穿衣服，而且顺序必须是先上衣，然后裤子，再袜子，最后鞋子。如果你着急带他出门帮他穿了，且没有按他原来的顺序穿，他就会全部脱掉然后重新按原来的顺序自己再穿一遍。

（二）父母须知

孩子喜欢重复和重来，是因为他正处在秩序的敏感期，他需要靠这种重复来建立自己的秩序感，并通过重来来维护自己的秩序感。

重复对孩子来说，并不是简单地同一个动作同一件事情的反复，而是每次都有新鲜感。所以，如果想让自己的孩子快乐成长，就要满足孩子的这些重复要求。

而孩子之所以会重来是因为他已经通过重复建立起属于自己的一套生活秩序，这种秩序已经在他的潜意识里扎根，所以他必须按照自己内心规定并认可的秩序来完成一件事，一旦这种秩序被人为打乱，那就必须重来一次。作为父母应该尊重孩子对秩序的内在需求，不要干预或强求，否则欲速则不达的同时，还让孩子的内心受到伤害，岂不得不偿失？

执拗敏感期：“作对”与不爱洗手（3~4岁）

（一）敏感表现

1.和家长“作对”，捣乱，不配合。3~4岁的宝宝变得很有主意，他们有自己的想法，也开始跟家长对抗。你让他去做什么，他偏不去做，甚至故意捣乱。他们的口头禅是“我不！”“我偏不！”

2.一意孤行，不听任何劝告。只要是他想做的事就一定要做，谁劝也没有用，如果不让做，就大哭大闹。比如他正在吃的糖果不小心掉到了地

上，他伸手捡起来就要往嘴里放，妈妈马上阻止：“妈妈给拿块新的，这个已经脏了。”但是他却还是要拿原来的那块，不让拿就大哭大闹。

3.不洗手，就是不洗手。执拗敏感期的孩子都不愿意洗手，他们有意识地拒绝洗手这件事，仿佛就是要锻炼家长的耐性，看看你的态度和反应。你如果硬来他就用哭来反抗，你如果不理他，随他去，他也许自己会主动去洗了。

（二）父母须知

三四岁的孩子在很多方面表现为与父母作对，当然，并不是真的与父母作对，而是他已经进入了执拗敏感期。孩子的执拗敏感期来源于秩序感，在这一个时期，孩子常常是难以变通，有时候甚至达到成人难以理解的地步。父母一定要知道，孩子的心理活动是有秩序的，在他还没有超越这种秩序时，他就会严格地执行这种秩序，常常难以变通，有时会到不可理喻的地步。

一般来说，孩子的执拗敏感期在两岁左右时就已经有所体现了。但是，这一敏感期的爆发却会集中出现在3～4岁这个年龄段。这是孩子自我意识的一种觉醒，当他的自我意识一旦觉醒，就开始用抗拒和拒绝别人的方式有意识地练习使用自己的意志，喜欢说“不”！如果儿童正常发展，他会在7岁后走出自我中心的疆域，达到和谐和顺从的人生状态。

所以在执拗敏感期，父母不应该跟孩子“较劲”，处在执拗敏感期的孩子都很犟、很强硬，他有自己的主见，会按照自己的想法去做事。如果父母与孩子较劲，以硬碰硬的态度来对待孩子，孩子就会感觉很委屈，很难受；而父母也会感觉很气愤，又很无奈，结果只能两败俱伤。

父母需要明白孩子的执拗行为是没有办法完全去除的，只能尽量去缓解。缓解的方法就是父母给予孩子足够的理解，并顺从他的要求，以此

来减轻孩子内心的焦虑与不安。父母如果能够转变自己的教育方式，用迂回的方式来代替直接的方式，让孩子洗手可能就会变为一件非常简单的事情。比如，孩子不洗手，你可以给他买个漂亮的毛巾，或造型香皂吧。有喜欢的东西吸引，孩子自己就会主动去洗手了。

总之，办法总比问题多，只要父母多一点耐心少一点苛责，控制好自己的情绪，不要被孩子的执拗牵着鼻子走，时刻保持好心情，那就能想出很多好办法来“对付”他的不合作行为的！

以“暴力”反抗“不公平”(3~4岁)

(一)敏感表现

1.被父母打后去打其他小朋友。3～4岁的宝宝已经可以分辨打人与爱抚的区别，所以宝宝打人就是故意为之，因为他们可能是通过这种方式来宣泄自己的不满。比如，早上，因为宝宝不按时起床上幼儿园你打了他的小屁股，放学的时候幼儿园老师告诉你，今天你的宝宝很“暴力”，喜欢打其他小朋友的屁股，打完就跑，有的小朋友还被打哭了。

2.拿玩具出气，有的宝宝被父母体罚后，由于畏惧父母，不敢轻易表示自己的不满，于是他们会找“不会说话”的东西出气，他的玩具便成了受害者，玩具或者会被大卸八块，或被摔得七零八落，又或者拿着娃娃的头往床头上砸……你惊讶于自己的宝宝怎么变得如此“残忍”。

(二)父母须知

出现以上表现的孩子通常还都处于执拗敏感期，他们因为有了自我意识，想要按自己的想法做事，但是父母却认为他们是在任性，一些脾气不好或抱着不打不成器的父母，就会有意识地通过“体罚”的方式来矫正孩子的行为。但这样做，就会让孩子认为自己受到了“不公平”的待遇，因

为他觉得按照自己内心的秩序感去做事是没错的，而父母却否定了他，并且体罚他。他的负面情绪就会产生，需要宣泄，比如他之所以会打小朋友的屁股，就是因为被母亲以同样的方式打了屁股。由此可见，父母的暴力行为是会在孩子身上延续的。从表面上看，父母对孩子使用暴力，孩子是屈服了，但实际上，孩子会寻找机会把心中的委屈发泄出来。

父母千万不要小看孩子的这种暴力行为，这很可能就是孩子以后“暴力倾向”的前兆。如果父母不调整自己的教育方式，还有意识或无意识地对孩子施以暴力的话，很容易就会让孩子形成暴力的性格和思维。孩子毕竟是孩子，而且还是处于执拗敏感期，他很难控制自己的行为。而父母是成年人，完全有自我控制的能力。当面对所谓的“不听话”孩子时，父母就要理智一点，一定要控制自己的行为，把孩子受到的“伤害”化解掉。父母的宽容与忍耐一定会让孩子健康成长起来。

三、感官敏感期（0~6岁）

蒙台梭利说："教育体系是以感官为基础，以思考为过程，以自由为目的。"

视觉敏感期（0~2.5岁）

（一）敏感表现

1.刚出生的婴儿对光很敏感，新生儿视力都不好，但是他们对光线却都非常敏感，他们既害怕强光的刺激，又喜欢盯着某一处射进来的光线聚精会神地看。满月的婴儿突然遭到强光的照射会害怕地闭上眼睛，而在一个光线柔和的环境里，他会对门缝里射进来的一束光线特别专注，甚至想伸出小手去捕捉那束光线。出生头几个月的婴儿只对黑白的事物有反应，他们对于彩色的事物往往不感兴趣，但是对那些黑白相间的东西和斑驳的影子却非常喜爱。

2.6个月以后的宝宝已经不能满足于静止的黑白世界，他们开始对有强烈明暗对比的事物感兴趣，而且这些事物如果从不同角度看有不同的视觉效果的话，那就会令他更加兴奋。

3.1岁以内的婴儿已经开始对人的五官感兴趣，尽管他说不出来，但是他会去观察，爸爸、妈妈、爷爷、奶奶……虽然每个人长得不同，但是都同样有眼睛、眉毛、鼻子、耳朵、嘴巴，他们喜欢在大人的脸上比比划划、指指点点，其实是在研究你的五官。

4.视觉敏感期的孩子都喜欢照镜子，这个神奇的东西里有着和自己的世界一样的东西、一样的人，他会冲着镜子里的自己傻笑，然后在镜中人的脸上指指点点。

（二）父母须知

在视觉敏感期，孩子的视力得以突飞猛进地发展，作为父母既要通过科学的方式促进孩子视力的发育，又要保护孩子的眼睛，让他避免过于激烈的视觉刺激，造成视力的下降和伤害。

对于3个月大的婴儿，父母可以引导他们“跟随”运动的物体（因为运动的物体都能吸引宝宝），都可以促进视觉的发展；4个月的婴儿开始建立立体视觉，视网膜已有很好的发育。能由近看远，再由远看近，物体的细微部位也能看清楚，对于距离的判断也开始发展；6个月大的婴儿眼睛已有成年人的2/3大，看物体是双眼同时看，从而获得正常的“两眼视觉”，而距离及深度的判断力也继续发展。

父母可以根据孩子视觉不同的发展阶段，为他提供适合的视觉刺激，使其视觉得以锻炼和提高。可以丰富孩子的视觉环境：有明暗变化的光盘、不同颜色的床单、五官齐全的娃娃、清楚明亮的镜子、各种形状的物品……这些都可以锻炼孩子的视觉，同时父母还要尝试扩大孩子的视觉范围，不要总是让不会坐的婴儿一个姿势躺着，经常变换一下孩子看东西的角度，增加他的视野范围或者多带孩子到户外活动。

此外，父母还要学会保护孩子的视力，预防眼病的发生，同时起到良好的监督作用，不要让孩子久看电视、电脑等电子产品，以免发育中的视力受到损害。

色彩敏感期（3~4岁）

（一）敏感表现

1.3岁左右的孩子喜欢认颜色，喜欢五颜六色的鲜艳事物。他喜欢颜色鲜艳的衣服，爱玩儿颜色鲜艳的玩具。他对颜色非常敏感，看到不同颜色的东西都会抢着告诉你这是什么颜色。

2.孩子在色彩敏感期喜欢颜色，更加喜欢给不同的事物涂上自己认为对的色彩，这个时期的宝宝迷上了填色游戏。如果给一个4岁的孩子各种形状但没有颜色的纸板，他很快就会按照自己的想法把这些纸板上的不同的形状涂上不同的颜色。

（二）父母须知

通常孩子在3～4岁时，就进入了色彩敏感期。开始，他非常喜欢认识各种色彩，一段时间过后，他就开始进入触摸、感知色彩的敏感期，就会涂色。同时，孩子涂色的过程也是在为以后的书写做准备，通过最开始的乱涂，他以后的书写才会趋于规律。

当然，如果父母或老师不去诱导孩子使用色彩的话，孩子基本上不怎么使用色彩。有时候，孩子画一张画甚至只用一种颜色。不过，父母应该知道，孩子对色彩的认识更多地会体现在生活中，比如，他会选择色彩艳丽的玩具，喜欢颜色鲜艳的衣服等等。

虽然父母或老师不诱导孩子使用颜色涂色，可能孩子就不会使用色彩；此时父母应该诱导孩子。但是，父母也应该明白，是诱导，而不是勉强。如果你诱导他，他也愿意用多种颜色涂，这时就不要勉强孩子。一旦强迫孩子按照父母你的意志来做的话，很可能会适得其反。

同时，父母还要给孩子更多色彩认知的机会，要有意识地拿一些色彩

艳丽的东西在孩子面前晃一下，以吸引孩子的注意力。还可以买一些彩色的笔或颜料，让孩子自己去涂抹。当然，父母也可以跟孩子一起投入涂色游戏当中，与孩子一起感受其中的乐趣，促进亲子情感。

听力敏感期（0～6岁）

（一）敏感表现

1.婴儿喜欢有声的世界，如果环境过于安静，他就不高兴了，只要屋子太过安静宝宝就会不安地哭泣，非得弄出一点声响来，他才会平静下来。

2.3～4个月的宝宝不仅喜欢听到声音，而且还喜欢寻找声音的来源，只要听到声响，他就会晃动着小脑袋去找声音是从哪里发出来的。如果让他找到了，他会很认真地听一会，如果没找到，就会一直找下去，直到他对这个声音失去兴趣。

3.孩子从婴儿期开始就喜欢听音乐，本来还在烦躁哭闹，一旦听到音乐声响起，通常都会停止哭泣，聚精会神地听起来。

4.3岁左右对“噪音”很敏感，在大人感觉很安静的情况下，孩子依然能听到“噪音”，而原来那些“噪音”是你本来已经习以为常的，但对他来说却是影响自己的“噪音”。

5.孩子对突然的大一点的响声很害怕，变得一惊一乍，一点大的声音都会吓得往大人怀里钻。

6.0～6岁的孩子都爱听简短清晰的“妈妈腔”，如果妈妈用正常的成人对话的方式和语调跟自己讲话，他就不会提起兴趣。那是因为“妈妈腔”与孩子大脑的接收信息的能力比较吻合，更容易让孩子模仿，吸引孩子的注意力。

（二）父母须知

新生儿从一出生即有声音的定向能力。他不但听，而且看声源物，说明眼和耳两种感受器内部由神经系统连接起来了，这种连接使新生儿能尽可能完整地感受外来的刺激，更好地适应环境，所以抓住孩子听力系统发展的敏感期，给予良好的刺激，势必会促进其听觉能力的发展和提高。

另外，很多人都可能有这样的误区，认为刚出生的婴儿特别怕吵，以至于家人所有的行动都需要静悄悄地进行，殊不知，这纷纷扰扰的大千世界中的各种声音，恰恰是对孩子听觉系统最良好的刺激。家长为孩子刻意营造的无声环境，反而会由于听觉系统受不到刺激而产生听觉迟钝或听觉过分敏感的现象，比如听到大一点的声响就会非常害怕等。

所以，作为父母要适时锻炼孩子的听力，经常在孩子身边用“妈妈腔”说话，给他有声的玩具玩儿，多给孩子听节奏明快、旋律优美的音乐或儿歌，甚至人为制造一些适度的“噪音”让孩子适应嘈杂的环境。

口腔敏感期（0～2.5岁）

（一）敏感表现

1.看到什么都要捡起来，然后毫不犹豫地放到嘴里尝一尝。不管是在家里还是在户外，只要是他能拿得起来的东西他都要往嘴里放。

2.几乎令所有家长都头痛的问题，就是孩子爱吃手，他喜欢把自己的手指放进嘴里，然后津津有味地“吃”起来，帮他拿出来他又会放进去，如果你斥责他，他就会变得很生气甚至哭闹。

3.“尝”过之后会吐出来，家长都不愿意孩子吃太大、太小或者不容易咀嚼和消化的东西，可是这个时期的孩子却不管这一套，拿起就往嘴里搁，胆家长生怕卡到宝宝，可是他往往嚼两下又自己吐了出来。

4.买回来的零食和各种水果，他每包都要拆开尝一尝，每个水果都要咬一口，而且所有的东西只尝一口，还必须每样都得尝到。如果阻止他的“浪费”和任性行为，他就会大哭大闹。

（二）父母须知

通常孩子的口腔敏感期会集中在出生到两岁这个阶段。孩子口腔敏感期持续时间的长短与他们所处的环境有很大的关系。如果在这一时期，父母能给孩子提供适宜的环境，允许孩子去“吃”各种各样的东西的话，换句话说，也就是允许孩子用口去探索周围的环境、物品，孩子的敏感期很快就会过去。相反，如果父母不了解这一敏感期，阻碍孩子用口去探索事物的行为，孩子的这一敏感期就会持续很长时间，可能到了三四岁，他还会偷偷地把东西放到嘴里“尝尝”。如果不允许孩子用口去探索，孩子自身与外部的世界就很难建立联系，这将在很大程度上影响孩子发展自己的潜能。要知道，连“软”与“硬”这样的抽象概念，孩子都是用口“尝”出来的。孩子用嘴巴来品尝味道和用口来认识世界是两个不同的概念，他会用口去认识各种事物，包括自己的手与脚。

所以，作为父母应该尽量去满足孩子的这一需求。如果不去满足孩子，孩子不但会失去用口去探索世界的机会，还会引起孩子的不满，同时让他养成一些坏习惯，比如，他会去抢别人的食物，随便拿别人的东西，把自己的注意力集中在某些食物而不是学习上等。所以，如果想让自己的孩子避免出现上述的坏习惯，就要在孩子的口腔敏感期，允许孩子用口去探索世界，让孩子的探索需求得到最大程度上的满足，从而尽快结束口腔敏感期。当然父母应该注意，尽量避免让孩子接触到危险性比较大的物品，如剪刀、螺丝刀、玻璃杯等锋利和易碎的东西。

另外，很多父母担心的卫生问题一点不注意也是不行的，你可以把孩子爱用嘴啃的物品尽量洗干净，但是也不必严格地消毒。因为孩子体内的抵抗力需要增加，而没有经过使用的抵抗力不叫健康，也不会有力量。所以，对物品一般洗一下就可以了。如果孩子在外面随地捡小东西往嘴里放，父母也可以尝试转移孩子的注意力。比如，与孩子一起玩，一起捡树叶，然后撕碎，往空中一扔；一起捡小石头，往远处扔或踢，再跑过去捡……这样，孩子会觉得很好玩，就会跟你学，从而减少往嘴巴里放东西的机会。

手的敏感期（0～2.5岁）

（一）敏感表现

1.喜欢抓握，几个月的孩子看到栏杆之类的东西就很喜欢去够去抓，抓住就不松手，抓不到还不高兴。

2.1岁左右的孩子喜欢扔东西，尤其是当扔出去的东西摔到地上发出“嘭”的声响时，就会更加兴奋。

3.1岁左右的孩子喜欢用手“吃”东西，无论什么食物只要放在他手里，他不是像以前那样送进嘴里，而是拿在手里捏啊捏，或者抠啊抠，把食物碎屑弄得到处都是。

4.喜欢玩沙子，一到了沙地里就像变了个人一样，自己一个人玩得很安静，就算呆上几个小时都不觉得累。

5.爱玩水几乎是每个孩子的天性，他们从一生下来就不畏惧洗澡，甚至喜欢洗澡，到了大一点的时候，当妈妈端来一盆水给他洗手时，他会兴奋地拍水玩儿，洗澡的时候更是在自己的浴盆里跟戏水玩具玩得不亦乐乎。

（二）父母须知

当孩子用口完全将手唤醒之后，手对世界的探索和认知就开始了。当孩子出现喜欢抓黏稠的物品，喜欢用手不停地扔东西，尝试用拇指和

食指配合着抓细小的东西，安静地玩沙子，高兴地玩水……都预示着手的敏感期到来了。手的敏感期出现时，锻炼用手非常重要。有些成年人不会用筷子、不会数钞票、不会栓绳索都和童年时手的敏感期发展时受到阻碍相关联。

所以，父母一定要给孩子用手探索的自由，不要对孩子的行为妄加指责和阻止，要知道孩子手的活动并不仅仅是手的活动，其中还有着智性的目标。如果父母给孩子设置很多障碍，就等于剥夺了他用手的自由，也剥夺了他认识世界的机会。

对于喜欢扔东西的孩子，父母大可以为他们提供摔不坏的东西；孩子玩水玩沙子不要嫌脏，与发展孩子的天性相比，弄脏衣服又算得了什么呢？衣服脏了可以洗，孩子的天性丢了可就找不回来了！

父母可以问自己一个问题：当孩子的成长过程常常有人干涉打断时，还能期望这个生命长到理想的高度吗？我们都已经学习了蒙台梭利的独立成长论和生命自然发展论，当然应该明白对孩子最好的爱就是给他们最大的自由和成长空间！

绘画敏感期（4～5岁）

（一）敏感表现

1.2岁左右的孩子，开始喜欢到处乱写乱画，家里的每个角落都成了他们的画板，不管是铅笔、彩笔、粉笔还是钢笔，只要能画出东西来的都逃不过他们的手心。经常把家里的墙壁门窗搞得一团糟，所以，让父母非常恼火。

2.4岁左右的宝宝开始对画画变得很痴迷，他们在这一时期喜欢画画超过了一切，只要拿起画笔就不肯放手，甚至不眠不休地进行“创作”。

3.2岁左右的宝宝还只是乱画，而到了宝宝4岁半左右时，便开始关注

自己绘画的细节，比如，他们已经可以在画人物时，将人物的五官画得非常清晰了。6岁左右，孩子对绘画的已经能用丰富的绘画技巧表达自己对周围事物的认识了。

（二）父母须知

敏感期中的幼儿往往对敏感对象表现出令成人不可思议的痴迷热情，而幼儿绘画敏感期到来时也是如此。从2岁开始，幼儿尝试画线状团；3岁左右有了运笔意识，画画的形状大多是不规则的梨形、圆形及其他简单形状。不过在这之后，儿童开始意识到自己能力有限，于是会不断要求大人给他画。经过一段时间的观察，他们又渐渐开始自己画画。在这个时期，儿童已经基本能够从宏观的角度来观察事物．进而能够渐渐画出一个事物的基本轮廓，画出人物的头部、四肢和躯干，但是还不能画出多少细节内容。再之后，儿童开始把握细节，对微妙的神态也有了感觉，所画的画也变得生动而奇妙。

可以说，儿童对敏感对象表现出来的痴迷、热忱的状态，使他们达到一种出神入化的境界，也使他们深入事物的本质，掌握事物，并最终改造和创造事物。毫无疑问，这一变化也在无形中净化着儿童的心灵，让儿童发现了非凡的美。

当绘画这种特殊的语言逐渐成为儿童描述他们对这个世界的认识和真实感受的时候，伴随他们成长的画笔不仅给他们带来喜悦，也不断地为家长传递着这样一个信息：比关注孩子艺术天赋更为重要的就是给孩子足够的自由，让他去画。因为只有有了自由，孩子才会按着自己内在的需求去创作；只有有了自由，孩子的内心才会变得强大，他们的创作热情才会延续。

所以，家长要做的是允许孩子自由地画，给他准备绘画的工具和纸张，只在孩子需要的时候，给予他耐心的、必要的指导，这种指导是为了满足孩子内心的某种需求所做的。

不要打断他，不用怕孩子画得久了身体吃不消，孩子具有吸收性心智，他与生俱来的学习热情和毅力是非常惊人的，根本就不用父母来夸奖他，也不用刻意去培养。如果父母拿着成人所谓的经验和想法来干涉孩子，就会严重破坏孩子的热情和毅力。

音乐敏感期（4~5岁）

（一）敏感表现

1.4岁左右的孩子开始痴迷音乐，音乐响起就手舞足蹈。虽说孩子对音乐的热爱几乎是与生俱来的，但是到了4岁左右时，这种热爱上升到了一种痴迷的程度。只要有音乐响起，他们就会立刻安静下来，并且跟着音乐手舞足蹈。

2.这一时期的孩子不仅痴迷听音乐，更想成为动听音乐的演奏者，所以他们对能够发出声响的乐器非常着迷。

（二）父母须知

孩子对音乐的天性是与生俱来的，随着孩子的成长，他不仅只用听觉去感受音乐，他还用整个身体的肌肉与心灵去感知音乐。只有身与心都投入到音乐中时，孩子内心对音乐的理解、感受才是最生动、最真实的。在孩子成长的过程中，他会通过感觉和认知音乐来形成最初的音乐概念。在孩子四五岁时，各种能发出响声的乐器都会带给孩子们欢乐，当然这也为父母传递一个信息：孩子的音乐敏感期来了。所以，父母应该关注一下孩子的艺术天性，每个孩子都是天生的艺术家，他会用音乐的方式来展现自我，展现自己与众不同的生命感觉。尽管不是每个孩子都能成为贝多芬、帕瓦罗蒂那样的音乐大师，但是，与生俱来的这种对音乐的热情将会伴随孩子一生。

至于，父母应该怎么做？还是那句话：给他自由。孩子需要一个自由的音乐环境，让孩子尽情地去发挥音乐的天分。因为在这样宽松自由的环境中成长的孩子，他的天赋会很容易被激发出来。不过，如果父母在此期间常常嘲笑孩子唱得不好，打击孩子的话，那孩子的音乐天分就会因父母无情地践踏而泯灭。

当然，所有的自由都不是绝对的，因为音乐也有区别，而孩子没有选择的能力，对这些东西的选择权利都是父母的。所以，父母应该尽可能地给孩子选择一个标准，这个标准就是经典音乐。

同时，父母们还要了解，并不是每个孩子都会成为音乐家，尽管孩子会在一定时期表现出对音乐和乐器的痴迷，但这很大程度上是敏感期在作祟，父母如果因此而寄予厚望，强迫孩子学习各种乐器，孩子就会感到非常痛苦。而如果顺应敏感期的自然发展，顺其自然地去挖掘孩子的音乐天赋，他们可能不用父母逼，就会练习。即使孩子没有学习某种乐器，但如果他具备了良好的音乐感知和鉴赏能力的话，照样比那些痛苦地学习乐器的孩子的乐感好得多。

四、关注细小事物敏感期（1.5~4岁）

蒙台梭利说："只要准备一个自由的环境来配合儿童生命的发展阶段，孩子们的精神与秘密便会自发地显现出来了。"

对家里的小事物感兴趣（1.5~4岁）

（一）敏感表现

1.1岁半左右的幼儿对小豆子的兴趣非常浓厚，有的家长害怕孩子误吞，于是给他买来很多安全柔软的大玩具，但是孩子只要看到了小豆子，就根本不把其他东西放在眼里，伸出小手就要去那些圆滚滚、滑溜溜、又硬又小又难捏的小豆子。

2.2岁左右的孩子同样喜欢"头发丝"这种东西，只要看到就会捡起来，收集在一起。并且把他当"宝贝"般珍藏。

3.2岁的孩子视力非常好，能发现细小的线头，还要把他们新发现的线头放到嘴里尝一尝味道。如果大人因此对他提出严厉批评，并阻止他的行为，他就开始哭闹个没完。

4.喜欢捡纸屑也是细小事物敏感期的表现之一，在这一时期，孩子总能发现角落里的纸屑，总会有伸手去捡的冲动，并且直到他捡到了才满意。

（二）父母须知

人们观察一个物体，只能看到它的一部分，很少关注它的全貌。对孩子来说，就更是这样了。对于孩子来说，宏观的世界很遥远，成长和学习

需要从小到大，由浅入深。所以，孩子要想了解宏观的世界，就一定会先从微观的世界入手。

所以，在某一个阶段，孩子突然会对微观的东西，也就是特别细小的东西非常敏感，越是那些小的不起眼的东西就越能吸引孩子的注意力。这种情形一直能持续到4岁左右。这个时期，孩子会用两个手指头来捏起它们。当孩子再稍微大一点时，他的动作就会发生改变，也就是说，他的这种动作和敏感度就已经过去了。

对于细小事物的关注就是孩子观察力的开始。要知道，孩子看微小的事物是需要聚精会神，也需要耐心和时间。这些，甚至会比他所观察的对象本身重要得多。每个孩子都有对小东西感兴趣的一段时间，父母要理解孩子，才能帮助孩子更好的认识这个世界。

对自然界的小事物感兴趣（1.5～4岁）

（一）敏感表现

1.孩子到了1岁半以后开始喜欢四处找蚂蚁和小虫子玩儿，他们喜欢趴在地上找，找到之后就仔细观察它们的动向。

2.1岁半以后的幼儿双手的抓握能力已经很好了，他们可以捡起很细小的东西，对于小石子更是手到擒来，只要你带宝宝到户外活动，他都会去捡，捡了之后装进小盒子或者小袋子里，甚至自己的衣服口袋，装满后再倒出来，然后再开始新一轮的捡小石子的“工作”。

3.蜗牛仿佛已经淡出了成人忙碌纷繁的世界，但是对敏感期的孩子们来说却是一块“新大陆”。尤其是在雨后的树上或树下，蜗牛从它们的蜗居里探出头来，一步一步缓慢地往前爬，激起了孩子们的无限兴趣，哪是犄角哪是头，他们可是看得清清楚楚也津津有味。

4.细小事物敏感期的宝宝对花瓣和树叶也表现出来了浓厚的兴趣，他们特别喜欢收集掉落在地上的花瓣和树叶，总是小心翼翼地把它们捡起来、吹干净，然后收藏起来，有时为了第一时间收集到喜欢的花瓣和树叶，甚至耐心地守候在花旁树下等它们掉下来。

5.因为关注所以专注。很多宝宝因为过于活泼好动，容易注意力不是很集中，做什么都心浮气躁，一会儿就没了耐心。可是细小事物敏感期到来后，他们变得专注了，可以一个人能静静地待上好长时间。孩子的注意力都放在了观察那些细小的事物上，所以神态非常专注，心无旁骛。

（二）父母须知

孩子的这种行为看似简单，却是在探索周围的环境，从而实现对世界的认知。这个时候，孩子的大脑正在迅速发育和成长，父母一定要认真对待孩子类似的行为，尽可能地尊重孩子的成长规律。当孩子在关注细微事物的敏感期时，父母一定要有足够的耐心。对孩子提出的一些疑问，一定要认真解答。比如，为什么蜗牛会在下雨的时候出来呢？如果父母可以与孩子一起探索答案，不但能够解决孩子心中的疑问，拓展知识面，提升他的兴趣。此时也正是培养孩子细心、认真、求知的好时机。

对这个时期的孩子来说，大自然是非常好的老师。只有让孩子接触大自然，观察大自然，孩子才能掌握更多的知识，才能更快地学会搜集事实、认识真理。所以，当孩子处在关注细小事物的敏感期时，父母不妨带孩子走进大自然。

五、动作敏感期（0~6岁）

蒙台梭利说：“我们现在看到的最错误的想法便是以为身体活动就只是身体活动而已，以为它不具有更高层次的功能，其实，心智的发展必然和身体动作相配合，而且是相互依赖存在的。”

行走敏感期（0~3岁）

（一）敏感表现

1.行走的敏感期大概在孩子的7个月开始出现。起先拒绝坐，不断要妈妈拉着双手跳，他在父母的腿上跳跃，每跳一次，他就咯咯地笑一次，非常开心的样子。但是，当父母想停下来休息一下时，他是不肯的。这就是孩子即将进入行走敏感期的表现。他会通过练习跳跃这个动作，来锻炼自己的腿和脚，为行走做好准备。

2.7个月至2岁是孩子行走的敏感期，他们喜欢不断自己走动，他们步子还迈不稳就想挣脱父母的双手，自己摇摇晃晃地往前奔，你扶他一下，他还不乐意，一把把你的手推开。他们这玩玩那玩玩，很不专心，专注于一件事物时间很短。

3.1~2岁孩子不喜欢走寻常路，什么楼梯、台阶、坡路、水洼是他们的最爱，一看到这些路就兴奋，反反复复要走很多次。

4.2~3岁是跳跃的敏感期，到两岁的时候，儿童已经能够自如地走、跑、跳，非常活泼好动，而跳跃也是儿童行走敏感期的最高阶段的自我训练。

（二）父母须知

孩子的行走敏感期一般会从七八个月大持续到两岁。自行活动将儿童带到任何一个他想去的地方，这时的儿童对走路无限痴迷，人一生中最喜欢走路的时期大约也就是这个时期。儿童为了感受腿和脚与地面碰触的感觉而不断地行走，为由自己的腿、脚把自己带到了目的地而欣喜。这个时期，成人要跟在儿童的后面，让他们满足自己走路的欲望。

这时的孩子还有一个特征：哪里不平往哪里走，哪里脏往哪里走。这也会造成成人与孩子的冲突。因为成人为了效率一般会挑选近的、比较平坦的路，这使他们不能理解孩子的行为，强行将孩子从我们认为不好的道路上拉回来。这时候，孩子一般都会大哭，要求回到原来的路上去。

蒙台梭利认为："一个一岁半的孩子可以走好几里路不会累，但小孩子在走路时不像成人那样在心里有一个目标。幼儿学习走路是为了发展自己的能力，建立起自己的存在。他慢慢地走，既没有节奏，也没有目标，但是四周的景物都吸引着他，鼓舞着他继续向前。如果成人这时想帮助孩子，他必须放弃自己的步伐与目标。"

这一时期还有一个很不可取的做法就是，很多父母会在这时给孩子买那种有声响的鞋。这种新奇的鞋大人们认为这很有趣，会提起孩子走路的兴趣，殊不知对于孩子来说却会打乱了他们对腿的感受和周围事物的观察，使孩子心烦意乱，要求妈妈抱，而不愿意再去探索来自腿的感觉。

另外，虽然孩子特别乐意去那些脏、乱、差的地方行走，虽然孩子会把衣服、鞋子弄脏，但是父母尽量不要去干涉孩子，更不要轻易去阻止孩子，而应该尽量去满足孩子的探索需求。让孩子尽可能地满足他自己做主的心理需求。面对这样"淘气"的孩子，父母应该让他感受到探索的愉悦，衣服脏了可以再洗干净，而孩子的成长错过了对孩子来说就是一个遗

憾。尽管在父母看来，孩子的行为有些淘气，但是，要知道，孩子就是在这样淘气的行为中成长的。

探索空间敏感期（0~4岁）

（一）敏感表现

1.探索空间的敏感期，一般在1岁前出现，孩子不停地将东西扔出去，他们通过物体的位置探索空间，通过物体的运动探索空间，通过不在视界中的物体探索空间，还通过弯曲的视界探索空间。他们由此得到空间感，形成空间概念。

2.爱玩钻洞和插孔游戏，不到1岁的宝宝就开始注意并研究玩具上的小洞，他们让小手指钻进里面，把圆环状的物体套在手腕上，再大一点会反复地把吸管插进带孔的饮料盒里面，会把钥匙插进钥匙孔……

3.2岁左右的宝宝刚刚能走得很好没多久，可是他们却爱上了速度很快又危险的“旋转”运动。刚开始的时候，不停地围着大人转来转去。有时也会牵着大人的手在屋里旋转。后来，觉得这样不太过瘾，于是就自己站在原地不停地转圈、旋转。

4.2~4岁的宝宝非常喜欢捉迷藏，不管是跟家长还是跟幼儿园的小朋友，他对这个游戏都情有独钟，他们喜欢把自己的身体藏在一个看上去隐蔽的小空间里，然后等着别人去找，并享受这种小空间带给自己的乐趣。

（二）父母须知

在蒙台梭利看来，有两样东西与人的智慧密切相关，那就是舌头与手。当孩子能够自由地使用自己的手时，手就成了他展示智慧的工具。前文提到孩子用手抓东西在探索空间的敏感期，孩子有这样的行为是非常正常的，这表明孩子的手有足够的灵活性。随着孩子的成长，他就会用手去

插孔，像插吸管、钥匙孔、瓶塞等，而且会反反复复，这实际上是孩子用手去插孔来探索空间并在提升他的动作能力，锻炼他的手与眼睛的协调能力，同时也锻炼手部的肌肉，构建他的专注力。

同时家长也要了解，每个孩子都有喜欢旋转的时期，因为他突然发现自己生活在一个自由的空间里，所以就会用旋转的方式感知这样的一个空间。科学研究表明，旋转对于促进孩子的大脑发育有着积极的作用，而且还能提高孩子的平衡性和协调性，并且对孩子将来的写作和阅读能力的发展也有很大的帮助。蒙台梭利曾说："运动除了增强体质以外，对心理发展本身也起着非常重要的作用。"旋转也好、扔东西也好、钻洞插孔也好，除了是一种运动之外，更是为了满足孩子自身空间感的心理需求。

因此，当孩子处在探索空间的敏感期时，父母要想让孩子的心理得到健康成长，让孩子的潜能得到最大程度的发挥，就应该学着承受一些压力，学会在孩子背后做一个默默的欣赏者，而不要过多地担心"卫生""安全"等问题，给孩子充分的自由，让他尽情地探索，尽情地成长。即使遇到所谓的危险，父母也不要把这种危险说出来，否则就会让孩子在很大程度上产生危险感，从而使得对空间、对世界的探索行为过早地离他而去。

协调性敏感期（0～4岁）

（一）敏感表现

1.7个月左右的孩子开始学爬，对于婴儿来说，爬是最初也是最好的锻炼身体协调性的运动，爬行可以锻炼腿和手的谐调运动，也增加了腿部、手部肌肉力量和运动神经的控制能力。这时的儿童比以往任何时候都会感到鼓舞，因为他从此获得了真正的独立。

2.2岁左右的幼儿通过个人的努力学会走路，并逐渐取得平衡和获得稳健的步伐，学会直立行走并能走得很稳，这使他的协调性得到了质的提升。

3.3岁左右的孩子会在生活中发现新“玩具”，发明新“玩法”，开始对不是玩具的生活用具产生兴趣。他们不知道这些“玩具”的真正功能，但是他们会按照自己的想法去创新“玩法”。他会把卫生纸在房间里铺成了长蛇阵，伸展着小胳膊在上面“小心翼翼”地行走，就好像在模仿平衡木运动员做高难度的动作一样；或者拿起一本书来，把它卷起来，放在嘴边当话筒；又或者拿起一截塑料管，放在眼前，好像是当望远镜似的……

（二）父母须知

孩子通过爬和行走来锻炼身体的协调性，又通过手来完成自己所想的玩具的新玩法来达到脑和手的协调。在这一时期，父母可以为孩子提供一些必要的帮助：比如在他学爬或学走的时候不要总是抱着他，让他自由地走动或爬；为他提供一些适合的玩具。

这些玩具可以是不倒翁，可以锻炼手的灵活性。积木，可以让孩子掌握手的协调性和灵活性，当然还能让孩子掌握一定的空间想象力和辨别力；橡皮泥，用手捏或模子制作橡皮泥的小玩意儿能很好地锻炼孩子的想象力、创造力和肢体能力；吹泡泡，可以让孩子的手与眼得到充分配合，如果孩子一边吹泡泡，一边奔跑追逐，那么全身的活动量都会很大，身体的整体动作协调能力也能得到很大的提高；在玩各种球的过程中，通过抛、滚、拍、踢、打等动作，让孩子的手眼配合得到强化，锻炼身体的局部与整体的协调性……

孩子的四肢经过自然的发育后，可以胜任越来越多的小任务，父母就应该多在灵巧性方面促其发展，尽量给孩子多提供机会，让他在实践中掌握各种技巧。

动手敏感期（1.5～4岁）

（一）敏感表现

1.从1岁半开始，就进入了手的敏感期，通过操作，孩子可以直接体验、理解物体的各种特性。儿童有一个抓的过程，一把抓，二指抓，三指抓，许多成人手笨，不会用筷子，不会按键，不会点钞，不会削苹果，不会栓绳索……都与童年期手的发展有关。

2.3岁左右的孩子开始真正有意识地使用工具，这又是大多数孩子建构专注品格的最好机会。无论在教室里还是家里，只要有充分的材料，孩子们都非常乐意选择剪、贴、涂等这些工作。他们热衷剪纸游戏，从一开始的乱剪一气到后来越来越生动有序，很多孩子还喜欢把剪完的纸张粘贴起来，有的孩子喜欢给剪出的图形涂上颜色。

（二）父母须知

一个人的动手能力如何能看出一个人的动脑能力怎样，所以手的发展很重要，在手部动作发展的敏感期，一定不能错过和荒废，否则就会培养出一个拙手笨脚的“乖”孩子。孩子是很文静，什么都不敢动，但是却耽误了他身心的发展，到底还是得不偿失的。

尤其是到了孩子三四岁时，很多家长担心剪刀的安全性，不敢给孩子用这么锋利尖锐的东西，而且对于孩子剪的满地纸屑和乱七八糟的图形颇有微词，他们希望自己的孩子守规矩、爱干净，而完全看不到自己的孩子在做这些事情的时候是多么的专注和认真。生生限制了他的自由发展。

所以，作为父母不仅不应该制止孩子剪纸等动手行为，还应该有意识地给孩子剪纸、剪图的机会，为他们提供安全性高的剪刀，甚至可以陪他们一起剪。我们应该意识到玩纸、剪纸、撕纸等是孩子普遍喜欢的一种活动，而纸也是孩子的一种天然学习工具。

父母也可以教孩子手工制作，与孩子一起玩耍。因为手工制作也能很好地锻炼孩子的动作的灵活性，教会孩子使用更多的工具，还能提升孩子的思维敏捷性。在教孩子手工制作时，父母一定要记住，过程远比结果更重要。在这个过程中，父母不要有功利心，要给予孩子自由，让他在自由的状态下进行他感兴趣的手工制作。

当然，有的孩子的这个敏感期可能会滞后，也很正常。只要是不超过6岁，在父母给予的爱与自由的环境下，孩子就能补上这个敏感期。

垒高敏感期（3~4岁）

（一）敏感表现

1.3~4岁的孩子对垒积木这件事已经驾轻就熟，而且非常沉迷，他们一遍一遍不厌其烦地将所有的积木高高垒起，再“轰隆”一声推倒，然后露出满意的笑容，接着再重复以上动作。

2.有些孩子甚至已经不能满足于积木带来的快感，而是开始把家里能搬动的椅子凳子，有多高垒多高，然后推倒，看到自己推倒的小凳子在地板上东倒西歪的样子，宝宝可是一点都不心疼，还有点胜利者的姿态。他们会非常满足地看一会儿，再把它们垒成刚才的样子，然后再次推倒。

（二）父母须知

通常，1岁多的孩子就能把积木垒得高高的，而且也会把积木推倒，当父母做出了被逗笑的反应后，孩子就会对垒高再推倒这件事非常感兴趣。但是，这种感兴趣大都是建立在对父母的反应的兴趣上，而不是对垒高再推倒这件事本身感兴趣。

而孩子到了3~4岁时，对垒高这件事感兴趣却是自发的一种感觉，可以说是探索空间敏感期的一种特殊表现，也可以说是喜欢垒高的敏感期。

也就是说，孩子在这个时候会通过垒高再推倒的方式感知周围的空间。所以，他们喜欢把物体垒高，然后推倒，再重垒。就是在这样不断的重复中，孩子建立了三维空间感。

所以，作为父母一方面要支持孩子的垒高行为，不要因为孩子不管拿起什么都要垒高而横加指责，告诉他们这也不能动，那也不能动；另一方面要学会借机让孩子了解更多的空间概念，当物品在垒高的工程中倒掉时，告诉他小的放上面，大的放下面才会更稳固，从而使孩子的空间感更好地建立起来。当然，父母也可以与孩子一起做垒高的游戏，这样一方面可以体验亲子协作的乐趣和成就感，另一方面也能培养孩子手部肌肉的控制能力。

六、社会规范敏感期（0～6岁）

蒙台梭利说："儿童不会自己判断自己，他是以别人对他的态度来判断自己的。"

自我意识敏感期（2～6岁）

（一）敏感表现

1.2岁左右的孩子常常强调什么东西"是我的"。如果他的东西被别人动了，就会非常痛苦，而且他们不愿意与别人分享自己的东西。

2.3岁左右的孩子开始变得"反常"，让他做什么事情他都不配合，而且还会情绪激动地去拒绝，你让他吃饭，他说"不！"，你让他穿衣服，他说"就不！"，你让他睡觉，他说"我就不！"

3.三四岁的孩子经常会把自己的东西藏起来，有时不是自己的东西也会被他偷偷带回家，问他这些东西是从哪里来的，他还吞吞吐吐，甚至撒谎。

4.五六岁的孩子已经觉得自己是个小大人了，他认为自己应该拥有和大人一样的权利，同时开始有了强烈的维权意识，只要他觉得自己的权益受到伤害时，就会坚定地站出来维护，而且振振有词地指责和理论。

（二）父母须知

婴儿时期的孩子会对父母，尤其是对母亲非常依恋，因为他会觉得自己与别人是一体的。但是随着他的不断成长，他就很快意识到，自己与母

亲、父亲和他人是分离的。这段时间，他就会说“不”来拒绝他人，什么事情都不会痛痛快快地配合，从而体验到自己与他人分离的快乐，从而证明“自我”的存在。

在意识到自己与他人和物体是分离之后，发现物体是有归属性的，并将人和物体一样归属。他发现在生活中有一些物品是属于自己的，而另外一些物品不属于自己，这多少使他们对物品少了些安全感。在还没有建构起物品的流通性概念之前，儿童对物品只有归属性认知。必须经历一个漫长的阶段，才能够放松地看待自己的物品。所以他会“自私”地强调某个东西是自己的，会把喜欢的玩具藏起来，甚至把属于别人而自己想要的东西“偷”过来。

这些都是孩子自我意识敏感期的正常表现，家长们完全不用草木皆兵，认为是孩子自私、任性、偷窃、撒谎，于是开始严阵以待，专门培养孩子的大公无私精神，故意将属于孩子的物品强行分给别人，如此反而真正地给孩子造成对物质缺乏安全感。

其实孩子的世界非常简单，他们的想法更是单纯，道德的罪恶感是家长强加上去的，惩罚也只是在一定范围内起作用而已。有些孩子甚至因为父母过于重视这些事，就会感受到父母的重视，他自己也会重视自己的行为，这种重视反而会强化孩子的负面行为。

同时，父母还应该知道，当孩子的自我意识刚刚形成时，对待任何事他都有自己的意愿，会按照自己的意识行事，对自己的权利更是相当维护。父母只有尊重孩子的意愿，孩子才会愿意合作。

父母也必须明白，孩子只有在完全的拥有物质并可以自由支配时，才可能去探索物质背后的精神，才可能超越于对物质的占有。而当这些物品的所有权完全属于孩子自己时，交换就开始了。与此同时，也就拉开了人际关系的序幕。

人际关系敏感期（3~5岁）

（一）敏感表现

1.这一时期的孩子一般都在上幼儿园，他们喜欢跟小朋友交换物品，但是往往是“不等价交换”。他们用自己的玩具换来自己更喜欢的东西，而且也换来和小朋友的友谊。

2.常常为了一个玩具发生争抢，甚至大打出手。被抢的孩子会感觉很委屈很无助，很多家长也担心自己的孩子会在幼儿园“吃亏”。

（二）父母须知

孩子上幼儿园之后像进入了一个小的社会团体，这里有非常多的小朋友，他们也试着跟小朋友们交往起来，这是人际关系的开始。而这个开始往往是以交换为标志的。但是令很多父母担心的是，孩子的这种随意的交换，完全不是建立在等价交换的基础上，他们的交换随心所欲，根本不管价值几何。于是，很多父母会担心自己的孩子在不等价交换的情况下会“吃亏”。

成人有自己的得失标准，但孩子却是各取所需，他们通过交换而获得的东西成人可能看不到。实际上，孩子获得的远比失去的多。所以，作为父母，要尽可能保护好孩子们之间的这种交换关系，并且告诫他既然已经交换了就不要反悔，直到他顺利度过敏感期。

另外，在人际关系敏感期的孩子，难免会争抢玩具，甚至会因为争玩具而打起来，但这种争抢并没有太多主观上的恶意。父母无意间把自己的竞争心态投射到孩子的身上，对孩子的人际交往特别敏感，总感觉自己的孩子“吃亏”了，受欺负了，于是就让孩子去把玩具抢回来，甚至教唆他以牙还牙。

有的父母会认为，批评或训斥孩子才能刺激孩子强大起来。其实恰恰相反，孩子内心的自我形象不但不会强大，反而会因为父母的训斥变得更弱小，从而不再喜欢人际交往。也就是说，孩子对人与人之间关系的探索会提前结束，这样，他的人际关系敏感期也就提前结束了。这对于孩子的健康成长是非常不利的。

至于以牙还牙则更加不可取，因为如果孩子真的去这么做了。最后，孩子并不会因此而高兴，因为他没有朋友了。实际上，这就出现了一个问题：孩子在人际关系敏感期没有朋友的话，那父母要希望他将来建立良好人际关系的愿望恐怕也很难实现了。

完美敏感期（3～4岁）

（一）敏感表现

1.3～4岁的孩子对人对事斤斤计较，爱较真。稍微有一点他认为不对的地方，他都不依不饶，一定要别人按照他的意思去办才满意。

2.这个时期的孩子对自己也是严格要求，越来越追求完美了，他在做任何事情时，一定要达到自己内心的要求才肯停手，有一点没做好他都要停下来重做，一丝不苟、毫不马虎。

（二）父母须知

追求完美是人的天性，当然也是孩子的天性。完美会给孩子带来精神上的愉悦，相反，如果某种事物或环境是不完美的，他就会感到非常痛苦。其实，这就表明，孩子的精神世界正在走向丰富与深入。虽然，很多不完美的东西在成人看来并没有什么，甚至还感觉有些美学特征，比如，残缺的美。但是，在孩子的眼里，它就是不完美的，因为孩子有自己的判断标准，这个标准是很多成人所不具备的。

当孩子关注于物体的体积和形状后，就开始出现了有关物体形式的审美。当他们爱上一个物体，就连它的形状也一起爱护起来，发现一个完整的形状就像发现新大陆一样感到愉悦和鼓舞。如果有人破坏了物体的形式，或达不到他们对事物形式的要求，也会不依不饶地发脾气、哭闹。只有这样儿童才能发现完整与残缺，建构起自己内在的对于美的需求。从对完整性的审美发展到对事物完美的追求，这个发展的过程使孩子在审美上有了更大的范围。

对于处于完美敏感期的孩子来说，追求完美的心理就更应该得到父母的呵护。父母要了解，孩子心中都会有一个完美的标准，但这个标准如果没有参照物作比较的话，他常常就会用“至善至美”来衡量自己。当孩子因为能力有限达不到完美的程度，他的内心会很痛苦。如果这时候，父母能够给孩子一个“参照物”，就能化解这种痛苦，比如，父母可以这样说：“你做的比爸爸（妈妈）强多了”，“爸爸（妈妈）像你这么大的时候，还不会做呢！”当孩子听到父母这么说，就等于为自己找到了一个完美标准的参照物。这样，他衡量完美的标准就会降低，从而就不会沉浸在“过分完美”的泥潭中不能自拔了，也能尽可能早地帮孩子度过这个敏感期。

探问出生敏感期（4~5岁）

（一）敏感表现

4～5岁的宝宝开始对于自己的出处感到好奇，“我是从哪里来的？”“怎么来的？”“我跟爸爸妈妈以及这个世界有什么样的联系？”他们的小脑袋里开始出现了这些疑问，所以经常会有宝宝冷不丁地对爸爸妈妈提出这样的问题：“妈妈，我是从哪里来的？”

（二）父母须知

孩子到了一定的年龄都会对这个问题很感兴趣，那就是“我从哪里来”。但是，面对孩子的问题，几乎所有的妈妈都会感到尴尬、无奈，不知道怎么回答。因为它太复杂而且有些难以启齿。所以很多父母会敷衍甚至欺骗宝宝：以后你就知道了；你从石头缝里蹦出来的；是妈妈从垃圾桶里捡回来的……这些回答看似解决了一时的问题，但是有的宝宝却开始因此变得焦虑不安，我是从石头缝（或垃圾堆）里出来的，爸爸妈妈会不会有一天不要我了啊？所以你会发现自己的宝宝，在你回答完他的问题后变得闷闷不乐。

因为这样的回答往往让孩子百思不得其解，更会让他产生强烈的不安全感，甚至会给孩子造成心灵的伤害，非常担心自己被父母抛弃。所以，对于这个问题，父母还需要认真对待。首先，不能欺骗孩子，用正确的心态去正视这个问题。其次，要有正确的方法，用科学的角度和立场去解释最好不过。如果实在不知道怎么回答，那就不妨引导孩子去看百科全书，跟孩子一起去找答案。

对孩子来说，追问自己来自何处的过程，也是对身体和性别的一个探索过程，孩子坦然地接纳了自己，认可了自己之后，便开始关注男女差别、关注服饰举止，为积累成人时的人格特征做积极的准备。

性别敏感期（4~5岁）

（一）敏感表现

1.到了4岁左右，孩子开始对人的性别感兴趣，尤其是当他发现有的小朋友跟他的身体不一样时，这种好奇就会蔓延开来，甚至会在很多人的场合下大声问家长很尴尬的问题。

2.四五岁的宝宝喜欢研究人体，尤其是对男女不同的生殖器表现出浓厚的兴趣，他们喜欢翻阅人体百科书的插图，并且对比男女生殖部位的不同，指着让你替他解答。

3.这一时期的孩子还会表现为如果有人去洗手间，他们一定要跟着去，原因是想观察到底是男孩还是女孩。

（二）父母须知

通常，孩子4岁左右时就会对性别和身体产生兴趣，而且对于男人和女人的差异也非常敏感。到5岁时，他就会对自己的身体非常感兴趣。

其实，孩子对性别或对身体的好奇是他成长中的必然经历。对孩子来说，他对身体上任何一个部位的认识，当然也包括对私处的认识，与他认识嘴巴、眼睛、鼻子等是没有什么区别的。

作为父母，要尽可能满足孩子的这种好奇心理，如果孩子的这种好奇心理被压抑或没有得到满足，他的心理很可能就会停滞不前，从而表现出对自己或他人的身体持续不断的兴趣来，这种兴趣很难转移。当孩子到青春期时，他这种被压抑的好奇和欲望就会爆发出来，就会变得容易冲动、叛逆，从而做出一些难以预见后果的错误行为来。

父母们要了解，不管是男孩还是女孩，在某个时间段都会对自己的身体感兴趣，产生好奇，很想了解每一个部位的名称，有什么用途，结构是怎样的，自己的身体与别人的身体有哪些是一样的，哪些是不一样的，等等。所以，家长应该利用这个机会把身体各个部位的名称教给孩子，让他在大脑中有个最初的概念。然后，再循序渐进地在名称中加入越来越多的内容，让孩子的认识有更进一步的发展与完善。如果父母都能以这种坦然的态度来面对这个时期的孩子的话，那孩子的性别敏感期很快就会过去。

身份确认敏感期（4~5岁）

（一）敏感表现

4~5岁的孩子嘴里经常会冒出这样的话“我是警察”、“我是奥特曼”、“我是喜羊羊”、“我是白雪公主”。孩子们会给自己一个又一个身份。这种现象是因为孩子开始崇拜某一偶像，希望自己就是那个偶像。他们开始模仿自己的偶像，每天都学偶像说话、动作、行事风格。

（二）父母须知

每个人小时候都会有这么一段身份确认敏感期，几乎所有的孩子都会向往神通广大，崇拜那些神、仙、武林高手、有特异功能的人，希望自己也成为那样的人，会在生活中模仿那个人。在成人看来，童年就好像是一个幻想的时代；但在孩子眼里，那就是真实的。所以，想当超人的男孩会全副武装，想当公主的女孩会让自己穿的漂亮、变得温柔。

当孩子在模仿偶像时，也是在逐渐建立一个关于自己内心的形象，也就是“我是谁”，并且逐步给自己定位。这时候，动画片或书籍里的人物形象就能满足他内心的这种需求。所以，父母就会看到孩子成为了“警察”“喜羊羊“超人”“奥特曼”“孙悟空”“白雪公主”等等。也就是说，孩子摇身一变，就成了他理想中的人物，他会通过他喜欢的偶像来确认他自己，并且构建自我。

所以，孩子在模仿偶像的同时，也是在塑造自我。作为父母应该允许孩子尽情地去模仿，给孩子做梦的权利。并且可以利用孩子对偶像的模仿，让他改掉自己身上的某些坏习惯，培养好的习惯。

当然，孩子在身份确认敏感期过后，父母再称呼他“孙悟空”“奥特曼”之类的，他可能就会不高兴，他会说：“我就是我。”这说明你的孩子已经知道自己的身份到底是什么了！

情感敏感期（4~5岁）

（一）敏感表现

1.黏人。四五岁的孩子原本活泼独立，喜欢自己玩儿或者找小伙伴玩儿，可是最近却变得非常黏人，妈妈走到哪儿都要跟着，晚上也不回自己的房间，要跟爸爸妈妈一起睡，甚至半夜醒来要妈妈抱一抱才会接着回去睡……孩子为什么突然变得这么黏人？很多妈妈开始发问。

2.爱哭。孩子已经四五岁了，可是却比小时候更加爱哭，本来微不足道的小事，平时都不会引起他的注意，可是现在就会哭出来，而且哭得很伤心，神经变得异常敏感，甚至看到你皱了一下眉头，他都会大哭一场，经常搞得父母不知所措。

3.独占妈妈。孩子不让妈妈做家务，不让妈妈出门，甚至不让妈妈接电话，他一定要妈妈陪自己，“霸占”住妈妈，谁也不许来打扰。

（二）父母须知

4~5岁的孩子情感世界就会被父母唤醒，他对情感也有了更加深刻的认知。所以，他就特别喜欢跟妈妈和爸爸在一起，感受来自父母的爱与温暖，就会变得特别黏人，甚至把爸爸妈妈独占，不允许别人分走一点。这其实是孩子情感萌发的表现。

同时在有了情感以后，他就会表达出来。每个孩子都会用哭泣来表达自己的情感。但是，孩子在3岁之前的哭泣大都是因为生理方面的原因，比如身体不舒服、饿了、想上厕所等等，很少涉及到情感方面。随着年龄的增长，他就会用哭泣表达委屈，表达情感。比如，当父母离开他外出时，或没有及时去幼儿园接他时，他就会伤心、难过，心里感到很委屈，以致落泪。

有的孩子在情感敏感期内渴望表达情感，会经常往父母的怀里钻，喜欢亲吻父母等等。其实，这不仅是孩子在向父母索取爱，也是在向父母表达自己的情感。这个时候，父母应该读懂孩子的情感。高高兴兴地接受和配合孩子，切不可按着自己的主观想法或自己心情的好坏做出回应。否则，就很可能会伤害孩子。

父母如果发现孩子对自己非常依恋，当自己因为亲吻别人的孩子或给别人的孩子分享食物时，孩子可能会很难过，会表现得很“小气”，甚至会大哭大闹，但这并不表示孩子任性，也不能认为孩子情感脆弱。实际上，这是孩子情感的一种正常表达。对此，父母不应该呵斥孩子，而应该去安慰他，当孩子知道妈妈是爱自己的时候，他的心情才会放松下来。但是，如果父母不懂得安慰孩子，孩子总想着这件事，就会把它变成心事。如果心事一直得不到解决，就很可能影响孩子心理的正常发展。

婚姻敏感期（4～6岁）

（一）敏感表现

1.4岁左右的宝宝，当看到结婚的场景时，往往也会心向往之，知道结婚这个词，但不了解具体含义。

2.5岁左右，他们才会“爱上”一个小伙伴，只给自己喜欢的小伙伴分享好吃的东西，告诉周围人要跟对方结婚，而且经常在一起玩，产生矛盾时也不愿意让其他人干预等等。

（二）父母须知

5岁左右，孩子们开始对人群组合发生兴趣，并开始了对各种组合形式的探索。由于婚姻的组合形式离儿童生活最近，所以儿童的探索就会先从婚姻开始。在婚姻敏感期的最初阶段，孩子会对自己的父母产生强烈的好感，而且会看到这种现象：女儿想要嫁给爸爸，儿子想要娶妈妈，甚至有的女孩想和妈妈结婚，有的男孩想和爸爸结婚。也许，有的父母会认为孩子无厘头，一笑了之。但是，当父母看着孩子对婚姻问题越来越感兴趣时会意识到，孩子真的开始对人类的情感世界进行探索了。

但是，孩子的认识会慢慢发生变化，也会对自己的年龄有所认知。他会突然意识到，爸爸妈妈虽然很好，但他们和自己不一样。因为爸爸妈妈是大人，而自己是孩子，人应该与同龄的人结婚。这个时候的孩子选择伙伴的倾向性非常明显，并且知道了一些简单的婚姻规则，比如只有相爱的人才能结婚等。当孩子有这种认识的时候，他就会在同龄的小朋友中间选择“爱人”。

此时的家长不必紧张，首先要以正确的态度宽容看待孩子的“恋爱”和“结婚”，其次引导孩子对婚姻关系有更加深刻的理解，传达给他正确的婚姻观念，让他学会怎样爱别人和怎样接受别人的爱。

社会规则敏感期（5~6岁）

（一）敏感表现

1.5~6岁的宝宝开始有了规则意识，他们在一起玩儿的时候会制定游戏规则，并且因为大家都遵守规则而愿赌服输，即使输了也会乐于接受惩罚，而如果一旦有人破坏了规则，那么游戏将不欢而散，并且给孩子心里留下疙瘩。

2.希望大家尊重自己内心的规则。比如自己不喜欢的衣服、自己不爱吃的菜、不爱看的书、认为不对的事情……父母都不能强迫自己，而且连出现在自己面前都不行，否则孩子就会认为父母破坏了他内心的规则，忽视了他的想法，不尊重他。

3.到了6岁，孩子开始积极的了解自己和他人的基本权利，喜欢遵守和

共同建立规则，形成合作意识。比如选举班长，实现自我管理，监督上课的时候谁没有进教室，吃饭前谁没有洗手，哪个孩子没有遵守幼儿园的规则……

（二）父母须知

游戏之所以有意思，就是因为它有规则，如果没有规则，那就不是游戏了。孩子也一样，他们会在玩游戏的过程中，反复使用规则，并把它内化，也就是蒙台梭利所说的“肉体化”。当孩子把规则内化以后，那就意味着他对群体，对社会都会有一种规则意识、责任意识。

孩子是喜欢游戏的，他也喜爱规则，并遵守规则，他会因为有规则才会去玩某个游戏。但是，这并不表明所有的孩子都是遵守规则的。所以，当遵守规则的孩子遇到了不遵守规则的孩子时，他就会很部不理解。就像规则感强的小朋友，他认为不遵守规则、说话不算数是不对的。因为在他的心里，已经建立了规则意识。

作为父母要了解这一时期，孩子心中对规则的渴望，并且尊重他的“游戏规则”和“内心规则”，不强迫他们做违背自身认可为规则的事，即使父母对孩子的行为不理解，也不要试图说服孩子按照自己的想法去做。父母应该尝试与孩子沟通，看看他内心的想法是什么。通过沟通，父母可以发现孩子的想法是有道理的，并不是任性。如果父母这么做，就等于尊重了孩子的规则意识，从而让规则在孩子的内心得到强化。

社会活动敏感期（5~6岁）

（一）敏感表现

1.5岁左右的宝宝变得非常“热心肠”，当他看到爸爸妈妈修东西、做家务的时候，他会积极地跑到爸爸妈妈身边说：“妈妈让我切菜吧”，“爸

爸让我拧灯泡吧”，“让我洗手绢吧”，“让我倒垃圾吧”……

2.让他做，他会很开心，并能做得很好。孩子有“做事”的冲动，如果一旦父母满足了他的这种心理需求，他会做得很开心，而且会非常认真得将事情做好，完全不是给父母添乱。

（二）父母须知

很多父母把孩子想要做事的行为看成是“添乱”“凑热闹”“搞破坏”“捣乱”等，于是就会阻止孩子去做他想做的事情。其实，这是对孩子的一种误解，孩子想做饭、想修理、想做家务等想法或行为都是他在社会活动敏感期的特殊表现。如果父母不让他去做，那他这种好奇心或愿望很快就会消失，那孩子的自理能力也会很难培养起来。

对此，很多父母都异口同声地说为了孩子好。结果，若干年后，当父母感慨自己的孩子不懂事，不懂得帮父母分担家务，什么事情也不会做的时候，是否能反省一下原因呢？是谁“造就”了这些“无能”的孩子，难道不是父母自己吗？这样做会害了孩子。

所以，每一位父母都应该特别留心孩子的社会活动敏感期，一旦发现他有想做事的想法，就一定要让他去做，甚至是创造机会让他做。这样孩子才能健康成长，才能具备强大的成长力量。当然，并不是孩子想做事他就一定能做好，很多时候，孩子只是在探索，而只要有探索就会有失败。对孩子来说，这可能就是一种挫败。这时，就需要父母及时鼓励孩子，不要让孩子轻易放弃，并给孩子示范正确的做法。这样，孩子就会有信心，他就能够顺利地度过这个敏感期。

七、书写与阅读敏感期（3.5～5.5岁）

蒙台梭利说："我们对儿童所做的一切，都会开花结果，不仅影响他一生，也决定他一生。"

书写敏感期（3.5～4.5岁）

（一）敏感表现

1.孩子在三四岁的时候喜欢乱写乱画，认为涂鸦就是写字，而且自我感觉良好，即使父母看不出来他到底写了些什么。这个时期他们非常在意父母的评价，如果得到夸赞会信心倍增。但是如果父母此时打击他，就会抹灭孩子的积极性，在书写敏感期却失去对书写的兴趣。

2.孩子4岁左右时已经能歪歪扭扭地写几个字了，并对自己的"墨宝"很自豪，喜欢跟别人展示。同时，不分场合，看到什么都会拿笔涂鸦一番，不管是墙上、纸上、门上、地上……到处都是"写字板"。

（二）父母须知

蒙台梭利发现，幼儿的书写和阅读都是自发性行为，有其一定的发展规律，而且孩子的书写行为发展其实早于阅读。为此，她打破常规，把写字的练习排在阅读练习之前，蒙台梭利认为儿童由于通过多次的触摸等活动，知道了字母的形状，很快就能"爆发"出写字的欲望和能力来。掌握了文字书写的技能之后，儿童再转入阅读学习。

虽然，在书写敏感期，孩子的书写实际上就是乱画，他写的所谓的"字"在成人看来没有什么意义的东西，就是一些黑点、一些乱线条等，根本不能算是写字。但是父母应该知道，这是孩子刚刚发现的一种表达方式，是与以前的表达方式完全不同的。孩子正在体验书写带给他的无穷乐趣。所以，父母依然要鼓励孩子，用欣赏的态度去看待孩子的书写。这样，就等于给孩子的书写兴趣注入了动力。

在孩子的书写敏感期，作为父母还应该给孩子做好书写的示范，这里所说的示范，并不是指教孩子一笔一划地写字，而是给孩子做好书写的习惯示范和学习氛围。在日常生活中，父母应该有意识地用笔写写算算，因为孩子会模仿父母的行为，他也就会学着写字。当孩子开始乱涂乱写时，就表明他已经对“书写”是什么东西有一定的概念，而且也已经感受到了书写的趣味性，从而爱上书写。

刚开始写字的孩子都写得不好，这反映了孩子缺乏良好的协调和控制能力。需要通过反复练习才能逐渐提高。所以，面对孩子写的字，即使歪歪扭扭，父母也要积极发现他写得比较好的，然后指给他：“这个字写得很工整，一定下了很大功夫吧！”这时，孩子感受到父母的鼓励与肯定，就会力争让自己的字都像父母指出的那个字一样工整。

另外，父母还要明白，有的孩子书写敏感期来得比较迟一点，父母应该耐心等待。不要看到人家的同龄孩子已经在到处写字而自家的孩子还没有书写的动向而着急，更不要强迫孩子写字。因为孩子在书写敏感期到来之前，他对写字还没有兴趣，强迫孩子去写，只能让孩子感到压力，产生反感。这样的话，孩子的书写敏感期就会延后到来，甚至是不会到来。

阅读敏感期（4.5～5.5岁）

（一）敏感表现

1.四五岁的孩子开始认识并能书写一些简单的字，这对他们的求知欲来说是远远不够的，不管在什么场合通过什么方式，只要看到他们不认识

的字，都会马上问旁边的大人这个字怎么读，他们希望认识更多的字。

2.孩子认识的字越来越多，他们对阅读也就产生了浓厚的兴趣，因为他们不再是只能看那些图片了，里面的文字所表达的意义他们更加好奇，就算是玩儿得很累，依然不妨碍他们读书的热情。

3.5岁左右的孩子在阅读方面往往都有个“怪癖”，那就是他们往往只喜欢拿着同一本书看，而且看了无数遍，还是看不腻。而对于那些自己不喜欢的书，他们连看都不会看一眼，如果父母强迫他们读这些书，他们就会非常不开心，最后爱读书的好习惯也被破坏掉了。

4.五六岁的孩子喜欢玩阅读游戏，他们的阅读并不仅限于拿起书来读，他们喜欢听书上的故事，也喜欢拿着书给别人讲故事，甚至很多时候，他们会对着自己的玩具讲起来。还有一些孩子喜欢扮演故事中的角色，用角色扮演来将书中的内容表现出来，这同样也是阅读的一种有益延伸。

5.处于阅读敏感期的孩子，很容易朗读并背诵出自己阅读过的内容，即使是大人都认为比较难懂的古文，他们也会轻轻松松、信手拈来，让爸爸妈妈们不禁感叹，原来自己的宝宝有如此天分，而孩子也因为良好的阅读习惯吸收了很多有益的知识，增长了见识，提高了素养。

6.如果到了孩子的阅读敏感期，懒惰的父母没有发现，并且没有给孩子提供良好的阅读环境和阅读材料，他就会寻找其他的“替代品”来填补这项空缺。由于孩子本身没有对阅读的辨别能力，吸收能力又超强，好的坏的都会照单全收，对他的成长当然是不利的。

（二）父母须知

通常，孩子在阅读敏感期到来之前先对识字感兴趣，有的孩子4岁时就已经非常乐于识字了。虽然孩子识字的渠道是千奇百怪的，有的孩子会通过读街上的广告牌、店铺名称认字，但是父母一旦看到孩子对识字感兴趣的话，就一定要抓住这个时机，满足孩子的识字欲望。

另外，孩子在进入阅读敏感期后，阅读的兴趣非常强烈。但是在这之前，也就是在3岁左右，孩子特别愿意听别人阅读，因为那时孩子还不识字，没有掌握语言，所以他会要求父母读给他听；当孩子5岁左右时，孩子已经认识了一些字，他就能自主地阅读一些简单的书了。

每位父母都希望自己的孩子将来成为一个有知识的人，所以看到孩子喜欢读书会非常高兴，于是一股脑为孩子买了很多书，可是却发现他根本提不起兴趣，还是喜欢抱着原来那一本书读。这其实是阅读敏感期一种很普遍的现象。所以，父母应该明白阅读兴趣对孩子来说是非常重要的，只有他对一本书感兴趣，他才爱读。孩子如果不爱读，父母买再多的书也是徒劳。所以，父母应该尽最大努力去激发孩子的阅读兴趣。

想要孩子爱读书，就要让他在读书之前先爱上读书的氛围。父母先要和书做朋友，每天都要有固定的读书时间，通过你们的言传身教让孩子爱上读书。你们还可以把书放在孩子触手可及的地方，营造一个自在、有趣、丰富的阅读环境，让孩子多一些机会拿起书，多一些机会和书建立感情，同时学会规范阅读和尊重书本。父母还要学会为孩子选书，但这种选择并非是建立在父母对书认知的基础上的，而是应该充分考虑到孩子的阅读实际，比如，图画是否有吸引力，印刷是否精美，内容是否有趣，情节发展是否符合孩子的想象和思维特点，文字是否简洁不啰嗦，等等。当然，在选择图书的时候，也应该及时地征询孩子的意见。

如果孩子喜欢玩阅读游戏，父母也应该用赞赏和配合的态度去对待，这说明孩子已经把故事读懂了，才会去给别人讲，才会去扮演里面的角色。父母甚至可以和孩子一起玩这个游戏，从而增进亲子感情，又能提高其阅读兴趣，这可是两全其美的事。

八、文化敏感期（6岁以上）

蒙台梭利说："儿童具有人类所未知的能力，能够把人们引向光辉的未来，如果我们想建立一个崭新的世界，那就应当把发展这些隐藏的潜能视为教育的目标。"

数学概念敏感期（6岁左右）

（一）敏感表现

1.4岁之前的孩子并不明白数字的真正含义和用途，他们即使可以把数字从1数到100，但是却仅限于"数"而已，数字就像他们的玩具一样，是他们用来数着玩的，对于数字间的加减和多少都不敏感。

2.6岁左右的孩子开始对数字敏感，并且喜欢数学的加减运算，20以内简单数字的加减基本难不倒他们，他们甚至懂得了什么是分类组合，明白不相同的事物是不能相加的。

（二）父母须知

孩子对数学的认知与学习是一个循序渐进的过程，孩子对数学产生兴趣，首先是从数数开始的。但是，孩子数数的时候只是把这些数字记熟了而已，他数这些数就像顺口溜一样，并不知道这串数字之间的联系和原理。接着，孩子会对数字感兴趣，他会写出1、2、3等，并能够理解这样的数字所对应的数量。孩子在4岁左右时，会迷上数学，对数楼梯、数楼层、加减法很感兴趣。这时候，孩子能比较轻松地算出一些简单的加减法的题目，一旦他算出一道题来，就会表现得快乐无比。再经过一段时间，孩子就会对分类和组合产生极大的兴趣。在6岁的时候，就已经对分类组合有所认知，并能够判断出某些东西是否属于一个类别。

父母了解了孩子数学敏感期的整个过程，应该有针对性地对孩子进行指导，让孩子了解数与数间的关系，及时让孩子掌握分类的概念。当然，并不是所有孩子的数学敏感期都是按照这个年龄来的，有的孩子的数学敏感期会比较滞后，一直到上小学时还学得比较吃力。对于这种情形，父母也不要太着急，更不要逼迫孩子去学习数学，这会使孩子的敏感期消解、打破与推迟。

逻辑思维敏感期（6岁以上）

（一）敏感表现

1.6岁左右的孩子脑子里总是有很多的疑问，他们对自己不解的事物喜欢刨根问底，一有问题就不停地问父母“为什么？为什么？”俨然把父母当成大百科全书。对这样的“问题”儿童，父母“有限”的知识存储有时候也招架不住。

2.孩子爱问为什么，可是当他们得到答案时，又不会心满意足的完全相信，他们对这个问题还是会心存疑惑——是这样吗？

（二）父母须知

随着年龄的增长，孩子会逐渐表现出对世界的好奇，对于他想了解的问题就会不断地寻找答案，他们试图寻找事物之间的因果关系和必然联系，这是逻辑思维敏感期出现的标志。

但是当孩子有能力通过阅读找到答案之前，他会认为答案都在父母那里，因为从小都是父母告诉他关于周围的一切。所以，这个阶段的孩子大

部分还是通过和父母“问与答”来满足自己的求知欲，于是，孩子会不自觉地把父母当作“百科全书”问个究竟。

不过，孩子对于父母给出的答案并不是百分之百相信，他一边向父母请教着，一边还在怀疑着，或者还有更深的疑问。即使父母从教科书中拿来标准答案，孩子还是会追问下去，因为孩子正在用提问的方式探索这个世界。因此，当孩子不断地提出“为什么”时，父母更需要用耐心和智慧引导孩子。

父母应该明白孩子爱问“为什么”，是孩子愿意思考的表现，因此，父母可以先对孩子勤于思考表示认同，同时，既然孩子喜欢思考，就可以鼓励孩子继续思考。父母可以反问孩子：“你觉得是为什么呢？说说你的想法。”可能孩子给出的答案是不合逻辑的，或者是荒谬的，但父母不要嘲笑，而是应该认同孩子的想象力，同时希望他能够找到正确答案。这样，父母既不用被孩子拖入回答问题的循环中，又鼓励了孩子进一步去思考。当然，孩子寻找答案的能力毕竟有限，因此，父母帮助孩子一起寻找答案，就会更加激励孩子的探索精神。

文化知识敏感期（6岁以上）

（一）敏感表现

1.6岁左右的孩子对天文、地理、历史等知识开始有了浓厚的兴趣，他们喜欢跟父母讨论这些问题，并且喜欢从他们看过的书中得出结论。他们像海绵一样迅速吸收着外界传递来的知识和信息，俨然成了一个科学知识爱好者，孩子进入了文化敏感期，父母如果没有良好的知识储备有时是很难应付他们的。

2.6岁左右的宝宝正处于文化敏感期，对于经典的阅读驾轻就熟，他们从中感受中国传统文化的魅力，而很多孩子也能做到学以致用，把从经典中学到的东西用到生活当中，成为一个博学自律的孩子，常常令家长刮目相看。

3.6岁以上的孩子，对自己生活的国度已经比较熟悉了，而且也在日常生活中学到了不少中国文化。但是对于不怎么接触的西方文化就比较陌生了，于是很容易产生强烈的好奇心和求知欲，从而去关注西方人的文学和艺术。

（二）父母须知

当6岁左右的孩子开始向父母讨教关于天文、地理等自然知识时，父母应该明白孩子开始进入文化知识的敏感期了。进入文化知识敏感期的孩子，一旦有机会接触文化科学常识，就像准备吸水的海绵一样，一下子沉浸其中。由于知识的空间是无边无际的，所以，孩子好奇心在得到满足的同时，也会不断被激发出来。于是，孩子在这个阶段就像小科学家一样一边埋头研究，一边打开父母那里的“知识储备”。

如果父母自身对这些常识也是处于“待补”阶段的话，最好不要用自己模糊的记忆来教导孩子，一旦父母说错就是对孩子长期的误导。因为，孩子此时对自然科学知识很感兴趣，记忆力又很好，再加上对父母的崇拜，很容易记住父母错误的灌输。因此，无论父母是否有能力教导孩子，最好给孩子一个自由探索的空间，把科学的资料提供给孩子，让孩子自己在其中成长。

同时，父母还要了解到6岁之前是孩子养成习惯的关键时期，父母尽早让孩子接触中国文化，孩子就会尽早在其中吸取营养。中国文化是以儒家文化为代表，而父母让孩子学习和接触中国文化的目的，不是让孩子从小

就能侃侃而谈，上知天文，下知地理，走到哪里都一副小学者的样子。中国文化的魅力之所在是从行动上有礼貌但不古板、有修养但不失亲切，长大之后做一个道德高尚、受大众欢迎的人。因此，父母首先要真正了解中国文化对孩子的意义，了解之后，才能让孩子从博大精深的文化中茁壮成长起来。

而对于西方文化的好奇和兴趣也会在这个时期出现，父母应当借着孩子的兴趣，给孩子提供了解和接触西方文化的机会。父母可以给孩子简单地讲解，当然，孩子不一定能够听懂，但是，这正是他丰富词汇和了解西方文化的开始。父母也可以提供一些书籍或读物给孩子，这些资料要符合孩子的接受能力，让孩子自己去感知和体会西方文化的魅力。

写作敏感期（6岁以上）

（一）敏感表现

1.6岁左右的孩子已经会写一些字，会用拼音，也阅读了不少书，增长了不少见闻。当他们对所见所闻或生活点滴有感触时，他们已经不能满足于用嘴跟父母去说，而且有些小心思他们可能也不愿意直接让父母知道。于是他们开始选择用写作来表达和记录自己的所见所闻、所思所想。

2.刚刚开始写作的孩子往往字写得不好看，而且东倒西歪一点也不工整，还有就是表达太直白，用词不优美，拼音满纸飞，错字一大堆。

（二）父母须知

每一个孩子在一段时期都会有写下一串文字的冲动，特别是孩子有了一定的识字、写字和拼音能力时，他更是希望自己能发挥一下自己的写作水平。

对于孩子这种处于“萌芽期”的写作冲动，父母一定要很好地保护。如果父母总是欣赏孩子的“写作”，孩子就会越加愿意用文字记录自己的心情，如果父母不在乎孩子的表现或者轻视孩子的写作水平，孩子就很容易在这个敏感期中落下写作阴影，而这种阴影日后很长时间都可能无法消除。父母还要帮助孩子在6岁左右打下坚实的拼音基础。当孩子一旦愿意用文字记录简单的事情时，就不会因为既写不出文字，又写不出拼音而泄气或者放弃。

无论孩子写得好与坏，至少孩子稚嫩的字体开始呈现在纸面上了，这对孩子来说就是一个小突破和小成长。只要父母正确地引导，孩子会用“写作”充实地度过自己的文化敏感期。

第二篇

蒙氏课程家庭实施

蒙台梭利教学内容主要包括五方面：日常生活教育、感官教育、数学教育、语言教育、科学文化教育。这些教学内容都是在“儿童之家”或蒙氏教室进行的。由于蒙氏早教机构不够普及，就学不便，而且师资水平高低不齐，所以蒙氏早教的家庭实施是广泛需要的。

本篇内容帮助您在家里正确实施正宗的蒙氏早教。首先，我们建议您在家里选择一个活动区域、逐步准备一些教具（参见本书开头的**教具预览**），也就是说建立一个蒙氏教室。然后，就依据本篇内容的指导，让孩子自由地在“工作”中成长吧！

第一章　日常生活教育

日常生活教育包括基本动作、照顾自己、照顾环境、生活礼仪等，培养孩子日常生活自理能力，以及互助、爱物等好习惯。之所以要以日常生活作为蒙氏早教的开始，是因为孩子即将离开父母进入学校，首先要适应分离焦虑，并且给予孩子安全感。另外，孩子必须从真实外在的事件，去建构他的智力。而真实感、实际生活的练习，让孩子更加注意到日常生活中的许多活动，通过反复练习达到完美，智力也因此得以提升。

一、内容介绍及教育目标

内容介绍

日常生活练习是由蒙台梭利设计的，用以帮助孩子在每天的日常生活中，学习必要的生活技巧，从而形成独立的性格。

蒙台梭利通过对孩子玩耍进行细致地观察后发现：大人的休闲与孩子的玩耍是根本不同的。她注意到孩子们喜欢重复做他手中的“工作”，在这期间，他们可以长时间地集中精力在玩耍上。并且，孩子们愿意模仿大人的行为，比如：扫地，打扫卫生，洗菜，抽样调查，烹饪。

蒙台梭利由此认为：当孩子能够独立地完成某项工作的同时，孩子的“自我尊重”和“自信”形成孩子对自我的责任感，通过发展他们的日常生活技能——照顾自己和照顾环境，可以形成孩子对自我的责任感。

她将日常生活练习分成了四个截然不同的范畴：

1.自我行为控制：例如，直线行走等。

2.照顾自己：穿脱鞋子、衣服等。

3.照顾环境：例如，拔草、浇花等。

4.社会行为的发展：例如，打招呼等。

日常生活区的初步练习，有助于刚进入日常生活练习的孩子尽快熟练地掌握生活技巧。因为这些练习将详细的技巧和行为分割开来，在孩子能够完成的任务时，他们照顾自己，照顾环境，良好的社会行为也就自然而然的形成了。

日常生活教育，可以说是蒙氏教育的入手处，假如这个部分没有做好，就出现不了蒙氏现象（秩序→专心→反复练习→协调），而往后的感官、教学教具部分也就不能做得很好，无法达到最大的开发效果了。

教育目标

1.手眼协调的能力

日常生活练习提供了发展孩子大脑机桶和动作协调能力的机会。这些练习最直接的作用是能够训练幼儿大、小肌肉和手眼协调能力，使他能够适应环境，从而促使孩子去控制自己的行为。

2.独立

通过日常生活练习，能够培养幼儿掌握基本生活技能，养成良好的生活习惯，培养幼儿独立性、自主性。孩子学到的技能可以使他逐渐的独立。从出生开始，为可以使他们达到最终的目的——独立。

3.专心

孩子在进行日常生活练习时，如果大人做出的反应能够适时、适度的满足孩子的需求，那么孩子的进步将是非常快的，孩子在练习的时候，全神贯注的时间越久，就越能培养他的专注力。

4.自我尊重

当孩子能够进行练习并且能够完成这项工作时，他的这种组织能力同时促使他发展了自我尊重与自豪感，从而形成健康的情绪和情感。

5.社会意识

日常生活练习当中有照顾环境这部分内容，它可以教给孩子整理环境的技巧，这不仅对他们个人有益，而且可以使整个团体充满凝聚力，他们学会相互协助，学会怎么样一起工作，怎么样去帮助别人。如此，孩子们

自然就学会了如何交往，培养了合作意识，提高了社会适应能力和社会责任感，从而促进其个性和社会性的发展。

6.秩序感

孩子们逐渐学习使环境保持清洁和秩序，把所有的东西放在应放的位置，在教室中被教会如何小心，尊重他的工作和教具：如何把教具拿到地毯或桌子上，如何在用完教具后放回原来的位置。这些行为都鼓励孩子形成逻辑思维和行为秩序感。因此，这些练习都有利于孩子个性的发展，也对孩子以后的智力发展有所帮助。

7.智力的发展

日常生活练习让孩子了解了人与环境的依附性。他慢慢知道在工作环境中哪些可以做，哪些受限制，这使得他能够逐渐适应环境并学着如何在环境中建构自己，通过逻辑思考的训练，思考的方式与行动，动机与结果，自发的行为技巧，行为的独立性和练习的选择，直到工作的完成。这些都有助于他以后智力的发展。

二、教具

蒙台梭利的教具非常丰富，但纵览各种教具的介绍，唯独日常生活教具的介绍最少，这是为什么呢？难道这说明日常生活教育不重要吗？

当然不是！我们在一开始就说过，日常生活教育是蒙氏早教的开始，这足以说明其重要性。之所以未具体列出，实在是因为它太过丰富了：日常生活的一切活动，大都可纳入这一项目中；同时又因为世界各地的文化不同，教具的内容自然也不相同。

基于以上原因，蒙氏并没有给这项训练列出教具的目录，而是希望导师能协调“智能启发”与“文化常规”的双重要求，自己研制教具，整备环境。

在日常生活教育中，最常用到的教具是工作地毯和衣饰架（参见第7页彩图），通常在蒙台梭利儿童之家里都会准备，而这些在家庭当中完全可以信手拈来：找块毯子就可以作为“工作地毯”，找出不同纽扣类型的衣服加上系带的鞋子，就可以替代“衣饰架”让孩子进行训练了。

对孩子实施蒙氏日常生活教育，您的家中从不缺乏“教具”。

三、家庭课堂

自我行为控制

（一）一把抓

教具

一个托盘；

两个相同的碗，其中一个碗盛满豆子。

基本操作

1.给孩子演示，如何用手掌抓住碗，把豆子从一个碗中倒入另一个碗中。

2.家长运用缓慢的，深思过的动作倒豆子，直到碗里的豆子被倒空。

3.重复2中的动作，把豆子再倒回最初的碗中。

4.如果有豆子掉在托盘上，在演示结束后，家长要用右手拇指、食指和中指将豆子拿起来，放入碗中。

5.用手掌去抓豆子，把他们放入空的碗中，用缓慢的动作将这项工作完成。

6.整理物品，放回原位。

目的

发展手眼的协调能力；

发展专注的能力；

用整只手传递物品；

锻炼手部的肌肉。

（二）剪刀剪纸的练习

教具

一个托盘；

两个小筐子；

橱柜上准备一个容器，用来盛放剪好的纸片；

两把幼儿专用的小剪刀。

基本操作

1.用食指、拇指和中指从放在橱柜上的容器中抓一些长条纸。

2.把纸条放到一个小筐子里，放在托盘的左边。

3.把另一个空的小筐子放在托盘的右边。

4.将托盘放到桌子上。

5.用左手拿起靠近刀刃的地方。

6.将右手的拇指伸进剪刀较小的洞里，中指和食指伸进较大的洞里。

7.将剪刀与身体平行，放到身前，慢慢地给孩子演示怎样开合剪刀。

8.将剪刀的刀刃部分打开，把纸条放到两个刀刃上。

9.给孩子演示怎样剪纸，让剪下的纸落到空的小筐子里。

10.剪完一张纸后，剪刀合上并放入托盘里。

11.将已剪的纸片放在橱柜上的容器中。

12.把教具放回到架子上。

目的

发展手部肌肉；

发展手眼的协调能力；

培养孩子专注力；

促进独立和自我尊重。

（三）打蛋器的使用

教具

带刻度线的水壶、碗；

一瓶洗洁精；

小打蛋器；

围裙；

小桶；

海绵、毛巾。

基本操作

1.穿上围裙。

2.双手拿水壶走到水池边。

3.把水加到刻度线的地方。

4.把水倒入碗里，水壶放回原位。

5.在水里加入洗洁精后，将海绵放入浸满洗洁精水并揉出泡沫。

6.拿起打蛋器的柄放于左掌心，右掌心拿海绵来回搓动打蛋器。

7.把带洗洁精沫的打蛋器放入碗中并缓慢搓动。

8.直到碗里的液体都变成泡泡。

9.把打蛋器从碗中拿出，用水将海绵及打蛋器上的泡沫冲净。

10.把打蛋器和海绵挤干放回原位。

11.双手捧小桶，每只手分别拿桶的两侧到桶中央。

12.慢慢地把碗中的水倒入桶里。

13.把碗用清水冲净放回原位。

14.一只手拿桶，另一只手扶住水桶，拿到水池旁，把水倒掉。

15.倒空水桶后把桶放到桌子上。

16.用毛巾擦干桶、碗以及滴落周围的液体。

17.用毛巾擦干手并把毛巾折好放回原位。

18.脱下围裙并放回原位。

目的

增强手部肌肉的能力；

增强秩序感；

加强注意力；

增强自量能力及自信心；

锻炼了协调能力及平衡性。

照顾自己

（一）叠布料

教具

几块布料（布料可以被切分为二）；

一个篮子。

基本操作

1.用双手将篮子里的布料拿出。

2.右手抓住布料的右上角，左手抓住布料的右下角。

3.打开布料。

4.用右手将布料抚平。

5.用右手抓起左上角，左手抓起左下角。

6.从左到右折起布料。

7.再用手掌抚平布料，这时在布料上的线应该与折好的印记相符合。

8.将布料放回篮子里，将篮子放回架子上。

目的

发展抓的能力和手眼协调能力；

培养专注力；

在照顾自己和照顾环境方面的独立；

提升自信；

叠衣服的能力；

协助别人叠衣物等。

（二）穿衣服

教具

一件上衣。

基本操作

1.把上衣的正面向家长和孩子，铺平放到地板上。

2.打开上衣，把它的内部构造给孩子看。

3.上衣的衣领和领口应该在家长和孩子的前面。

4.让孩子把胳膊伸进相应的衣袖里。

5.帮助孩子把头伸进领口中，脑袋从领口中伸出，胳膊从袖口中完全伸出。

6.整理衣服，用双手把肩部和袖口都整理好。

7.让孩子按照上述步骤自己反复练习。

8.整理物品放回原位。

目的

培养孩子穿衣服的独立性和照顾自己的能力；

协助别人穿衣服的能力；

提升自信；

发展幼儿协调、熟练技能和锻炼肌肉；

提高逻辑思维。

（三）分拖鞋

教具

拖鞋三双（爸爸妈妈和孩子的拖鞋各一双）；

鞋柜。

基本操作

1.家长准备孩子及爸爸妈妈的拖鞋各一双。

2.将孩子的拖鞋和爸爸妈妈的混放在一起。

3.家长问孩子“这是什么呀？”引导孩子说出“拖鞋”。

4.“宝宝的拖鞋在哪里呢？”引导孩子挑出自己的拖鞋。

5.“妈妈找不到拖鞋了，宝宝能帮妈妈找出来吗？”孩子找出后，及时给予夸奖：“宝宝真棒！谢谢宝宝！”

6.“我们也帮爸爸把他的拖鞋找出来吧！”帮助孩子将各自的拖鞋按顺序放好。

7.“拖鞋宝宝一家出来玩太久了，现在他们要回家了，宝宝能不能把他们送回家呢？”引导孩子认识鞋柜并了解鞋柜的用途，“我们来找找拖鞋宝宝的家在哪里。”

8.“宝宝来帮忙把拖鞋宝宝一家送回家吧！”引导孩子将拖鞋有序放回。及时给予夸奖：“宝宝能帮助拖鞋宝宝回家了，宝宝真棒！拖鞋宝宝一家很想谢谢宝宝。”

9.孩子及爸爸妈妈的拖鞋先选择不同色系的颜色；然后选择同一色系的或颜色相近的拖鞋，再逐渐增加拖鞋数量以增加游戏难度。

目的

能认识和区分不同人的物品；

建立孩子秩序感；

学会保管自己的物品。

照顾环境

（一）擦桌子

教具

围裙（工作服）；

一个带把的水壶：上有刻度标记；

一个碗；

一个瓶子，里面装有清洁剂；

一个勺子；

小的刷子和海绵；

一个毛巾；

一个水桶。

基本操作

1.让孩子系上围裙。

2.孩子拿着水壶去水池，把水接到水壶里，水位标记为准。

3.把水倒入碗中，加一勺清洁剂。

4.把手放入碗中，把清洁剂搅均匀（或者用勺子搅拌）。

5.用右手拿起刷子开始从左到右刷桌子，确保桌子的面和桌腿都擦到。

6.把刷子放到碗里冲洗干净，用毛巾擦干，放到应放的位置。

7.拿起海绵，放入水中，挤压出多余的水分。

8.擦桌子，当整个桌子都用海绵擦完的时候，幼儿将海绵冲洗干净，放到应放的位置。

9.拿过毛巾，用毛巾从左侧慢慢地擦到桌子右侧，桌子面和腿部要擦到。

10.桌子擦干之后，把毛巾放到有湿毛巾标识的地方。

11.把碗中的脏水倒进桶里，确保身体远离脏水。

12.小心地提起水桶，拿到水槽边，将脏水倒掉。

13.把水桶放回应放的位置。

目的

照顾环境；

锻炼手部肌肉；

培养协调能力；

提高专注力；

培养顺序、秩序；

工作的完成；

对环境的清洁意识。

（二）收垃圾

教具

垃圾桶；

废纸；

小熊玩具。

基本操作

1.设置游戏情境，家长将废纸团成团，当成垃圾散落在各处。

2.家长拿出小熊玩具跟孩子说："今天小动物们要来熊宝宝家做客，可是熊宝宝家里可脏了，地上到处都是垃圾，要是被小伙伴们看到，他们肯定会笑话熊宝宝不讲卫生的。熊宝宝可着急啦！他想请你来帮助他，你愿意吗？"

3."你知道要把垃圾放在哪里吗？"家长拿出垃圾桶，先做一遍示范，让孩子看清家长是怎么做的，垃圾被放到了哪里。

4.请孩子捡起其他垃圾，一起放进垃圾桶。

5.将垃圾收入袋中，垃圾桶归位。

目的

培养孩子的劳动热情；

提高孩子动手能力；

养成良好生活习惯。

（三）书宝宝的家

教具

形状大小不一的书本；

与书本形状大小相符的盒子。

基本操作

1.家长拿出孩子平时喜欢看的书本，和孩子一起进行亲子阅读。

2.家长告知孩子要爱惜书本，不然书本宝宝会伤心的。

3.当孩子不再想看书的时候告诉孩子："书宝宝出来的太久了，书妈妈要担心了，快把书宝宝送回家吧！"

4.家长提示孩子大小不同的书宝宝住在不同的房子里，"要把大小书宝宝送回他们自己的家哦。宝宝要回自己的家，书宝宝也是的哦。"

5.允许孩子多次尝试，要注意孩子的情绪，在孩子急躁之前及时应给予帮助。

6.家长根据孩子臂部及手部力量的发展情况，选用大小、薄厚适宜的书本，以便于孩子顺利取放书本。对于2～3岁的孩子，书本数量在四本左右，形状可选择单一的长方形或是正方形。对于3～4岁的孩子，书本数量可增加至八本左右，形状可增至2～3种，大小增至3～4种。

7.将所有物品归位。

目的

培养孩子爱护书本的好习惯；

让孩子形成物品及时“归位”的好习惯；

培养孩子的秩序感。

社交技巧

（一）欢迎客人

教具

一把椅子；

点心、饮料。

基本操作

1.跟孩子一起讨论让客人宾至如归的重要性。

2.向孩子演示如何为客人开门，欢迎客人，为客人脱外套，为客人般椅子，招待客人喝饮料、吃点心，并给予客人协助。

3.家长可以设计不同的情景，进行角色扮演怎样与别人打招呼，孩子决定谁来扮演客人，谁来扮演主人。

4.整理物品。

目的

发展社会礼仪；

学会和了解礼貌的功用；

提升自信和自我秩序感；

发展协调能力；

培养独立和评议的能力。

（二）怎样打断别人的讲话

教具

无。

基本操作

1.家长和孩子进行一个讨论，为什么在与别人交往的时候要有礼貌，要尊重别人。

2.和孩子进行场景对话，然后，另一个家长参与进来，演示如何礼貌地打断别人的谈话。

3.在演示时，应该适当的等待几秒钟，然后进行打断，在打断别人讲话以前，说：“打扰了！”

4.在讲话的同时，可以将手轻轻地放到对方的身上，以引起对方的注意。

5.家长要跟孩子强调：在讲话结束的时候，一定要说“谢谢！”

目的

培养社会礼仪；

明白人和人之间应该相互体谅，相互尊重；

提升自信和自我秩序感；

培养独立和评议的能力。

（三）婚礼小司仪

教具

两个玩具娃娃；

音乐播放器（婚礼进行曲）；

玩具话筒。

基本操作

1.家长告诉孩子要给玩具娃娃举行一场隆重的婚礼。

2.家长和孩子一起讨论婚礼的细节和流程。

3.邀请孩子担任司仪，家长扮演娃娃父母。

4.为孩子设计司仪台词，并允许孩子自由发挥。

5.婚礼开始，司仪拿着话筒上场说准备好的开场白。

6.用音乐播放器播放《婚礼进行曲》，邀请“新人”入场，家长带出娃娃。

7.家长对他们送出赞美和祝福。

8.司仪按流程主持，直至“礼成”。

目的

满足孩子对结婚的好奇以及对婚礼的认知；

认识人与人之间的关系；

建立正确的社会和婚姻概念；

提高孩子的语言表达能力。

小贴士

蒙台梭利的所有教育几乎都是以生活为基础的，即使是游戏和工作也离不开生活，她要让孩子们在最自然的生活环境中学会生存、提升自我，养成良好的习惯。

我们可以看到，几乎所有的教具和材料在使用过后都有一个相同的动作，那就是整理并放回原位。这样做的目的就是让孩子们即使在游戏中也能养成良好的秩序和习惯，这也正是我们为什么在游戏中也用“教具”这个词的原因，因为它的确跟“玩具”不同！

第二章　感官教育

感官教育在蒙台梭利教育体系中占有重要的地位，并成为她的教育实验的主要部分。在她的著述中，有大量篇幅专门论述感官教育训练、运动训练与智力发展以及感官教育与纪律教育、知识、技能的培养的关系和密切的联系。

所以不论是在家庭中的婴儿，还是进入幼儿园的幼儿，都应该将感官训练作为重要的训练项目，使幼儿的视、听、嗅、味、触觉都能够灵敏而精确，借以让幼儿认知、辨异等潜能得以充分发展，进而产生分析、综合、研判等更高层次的思维能力和行为基础。

一、内容介绍及教育目标

内容介绍

蒙台梭利认为，感官是心灵的窗户，感官对智力发展具有头等重要性，感觉训练与智力培养密切相关。再者，人的智力高低与教育有较大关系，通过感觉教育可以在早期发现某些影响智力发展的感官缺陷，并及时采取措施，使其得到矫治和改善。

蒙台梭利的感觉教育内容主要包括视觉、触觉、听觉、嗅觉和味觉等感官的训练。

（一）视感教育

1.教育孩子认识物的大小、粗细、长短、高矮、胖瘦。

2.教育孩子认识物的颜色，学习颜色的种类、深浅。

3.教育孩子认识物的形状，如圆形、三角形、四边形、多边形、不规则曲线；如球体、椭圆体、蛋形体、正方体、长方体、圆柱体、三角体、四角椎体、圆锥体、三角锥体。

（二）听觉教育

教育孩子辨别音的强弱、高低、种类（乐音的音色）。

（三）触觉教育

1.皮肤觉（触觉），教育孩子认识物的粗细、质感。

2.温度感觉，教育孩子认识物的热、温、冷或冰。

3.压觉，教育孩子认识物的轻重。

4.实体认识的感觉，教育孩子认识物的大小、软硬、粗滑和形状等，让孩子不靠视觉全由触摸以得知物的属性。

（四）味觉教育

教育孩子用舌头辨别味觉，以教育孩子辨别甜、酸、苦、咸等味道。

（五）嗅觉教育

教育孩子用鼻子辨别气味，使他们能够辨别香水、臭味辣、酸、凉、热等味道。

她希望通过这一系列的感官训练，使幼儿成为更加敏锐的观察者，促进和发展他们一般感受的能力，并且使他们的各种感受处于更令人满意的准备状态，以完成诸如阅读、书写等复杂的动作，也为将来进行数学的学习打下基础。同时，蒙台梭利的感觉教育遵循着一定的原则和方法。她认为，感觉教育的实施应该遵循循序渐进的原则，并且她提倡幼儿根据自己的能力和需要进行学习，使幼儿在感官训练中通过自己的兴趣去自由的选择、独立操作、自我校正，去努力把握自己和环境。所以，在蒙氏的教育教具中都设有专门的错误控制系统，使儿童在操作过程中能按照教具的暗示进行“自我教育”。

父母纵然不是幼教专家，但却是孩子的第一位启蒙老师，父母对幼儿在家里实施感官教育，要先调整好自己的心态，要有计划地去做，有耐性有恒心地去做。说起来容易，做起来却不简单，更应知道，年龄越小的孩子越不容易集中心智，所以家长也就越要讲求方法，才会收到效果。千万不要操之过急，让孩子有厌烦的感觉。

教育目标

1.发展感官知觉，提高辨别力

视觉训练在于帮助幼儿提高度量的视知觉，鉴别大小、高低、粗细、长短、形状、颜色及不同的几何形体；触觉练习则是帮助幼儿辨别物体是光滑还是粗糙，辨别温度的冷热，辨别物体的轻重、大小、厚薄；听觉训练是要使幼儿习惯于区分声音的差别，使他们在听声的训练中能够分辨音色、音高；嗅觉和味觉的训练则是注重提高幼儿嗅觉和味觉的灵敏度。

2.认识物性

通过感官的训练认识各种事物的性状。

3.帮助概念形成

通过感官的感觉，认识事物，并形成各种概念。

4.训练幼儿观察、分类能力，培养注意力

无论是哪种训练首先都要通过观察来获得最初的信息，然后再通过各种感知力来将物体分类：大的、小的、红色、绿色、冷的、热的……并由此培养孩子专注的个性，提升注意力。

5.培养幼儿审美能力

通过听觉和视觉的训练，不仅可以提高对声音、色彩等的分辨能力，更能培养起孩子初步的审美和鉴赏能力。

6.培养秩序感，建立逻辑思考能力的基础

孩子在3岁前处于无意识的吸收状态，孩子在日常生活中所经历的事物是丰富多彩且纷繁复杂的。当儿童从事感觉活动时，会立刻与遗留于肌肉记忆中的概念相互连结，使儿童将外界事物与语言加以连结而理解，从而使围绕在孩子周围的混沌世界逐渐形成有秩序的状态。而有条理分明的心智，恰恰是培养想象力及思考力的根基。

二、教具

感官训练的教具是由丰富经验的专业人士或心理咨询师针对儿童的个别、特殊性发展状况设计的。其目的是为了使儿童感知各种刺激，在大脑进行感觉的统合，并作出适应性反映。

这类教具的范围包括视、听、嗅、触、味、温、压、辨认立体以及色彩等各方面的感官训练，将颜色、气味等抽象的感觉带入具体实物，用以启发孩子认知的敏锐性，为进一步的教育“目的”立下根基。

蒙氏教具操作，着重训练儿童的“工作历程”（秩序观念和习性的培养），远比要求他的“工作结果”（会做）更为重要。这一点，家长们一定要特别重视，才不致于“本末颠倒”。

另外，早在婴儿期，孩子就在家庭环境中自然地接受感官教育，所以在家中施行感官教育并不是全部都依赖蒙氏教具，父母可以自行制作原理相同的教具。

（一）蒙氏感官教具

1.视觉教育教具

（1）插座圆柱体（高低粗细大小的比较组合）。

（2）粉红塔（认识大小等差）。

（3）棕色梯（认识宽窄）。

（4）长棒（认识长短、数量的等差）。

（5）彩色圆柱体（颜色识别、高低粗细组合）。

（6）色板（颜色的种类、色调的明暗度、颜色搭配）。

（7）几何图形相嵌板（三角形的种类、组合）。

（8）构成三角形（三角形的种类、组合）。

（9）几何立体组。

（10）几何嵌板。

2.听觉教具

（1）发音筒（训练听力强弱）。

（2）音感钟（韵律和节奏的训练）。

（3）弦乐器（管乐器、键盘乐器、打击乐器）。

3.触觉教具

（1）触觉板（体验物体表面的粗糙与光滑）。

（2）温觉板（触摸温度的感觉）。

（3）重量板（大小相同及不同、掂重量）。

（4）触觉布（棉布、麻纱布、毛料等）。

4.味觉教具

味觉瓶（感受酸、甜、苦、辣、咸）。

5.嗅觉教具

嗅觉筒（生活中有味道的食品、香油、醋，感官教育教具在操作中强调分类、配对、秩序）。

（二）家庭感官教具

1.视觉教具

纽扣游戏盘（训练你孩子的颜色辨识和配对）

制作方法 可以用六个纽扣为一组，能找出三至四种对比颜色，并能找出三或者四个和纽扣一样颜色的盘子或其他容器为最佳。原则上也可能找

一个有三处以上的凹槽盘，先将各种颜色的纽扣混合放在一个大槽内；这组家庭视觉感官教具，就算初步完成。

2.听觉教具

发声筒（发展儿童听觉）

制作方法 找出十二个相同尺寸的塑胶瓶（类似装相片胶卷的较大圆筒等）或玻璃瓶，如果是透明的，则准备一张色红或粘胶纸，把透明筒包起来，让孩子看不到里面装的东西，六个筒盖贴上红色纸，另六个筒盖贴上蓝色纸；另外找六种轻重和大小不同的东西，如豆子、胡椒、米、茶叶、糖、盐或沙子、碎石等可以发出声音的材料，装进筒子里加以摇动。然后等量地分别装进两组不同颜色的筒子里去，让两组筒子经摇动后，可以发出六种不同等级的声音。再找一个可以放下这十二个发声筒的盒子（如鞋盒）装好备用，就完成了这听觉教具——发声筒的制造了。

3.触觉教具

温觉瓶

制作方法 可用容易装且易传热的空瓶子，将不同温度的水，由最冷的到最热的，依次装入六个空瓶中。

4.味觉教具

味觉瓶

制作方法 制作四种基本味道的溶液，各两瓶、总共8瓶，甜溶液——水中掺入砂糖，咸溶液——水中加盐，苦溶液——苦瓜汁，酸溶液——柠檬汁（或食用醋）加水。每瓶附一支滴管，全部放在木盘上。

另外，除辨别种类的不同外，也要往深度方面发展（如糖的浓淡程度：有一点点甜、稍甜、很甜、最甜等）。

5.嗅觉教具

嗅觉筒

制作方法 找十二个大小相同塑胶瓶或玻璃瓶，用六种能保持长久的桂皮、茶叶、花椒、豆蔻、生地、香等等，再用一张色彩纸或粘胶，就可以动手制造了。

（1）把纸裁开，分别将每一瓶子的外围包好，使幼儿看不到瓶内装的东西。

（2）六只瓶子，分别放入一种香料，将盖子盖紧，另六只瓶也分别各放一种香料。

（3）再找一个可以容纳十二个瓶子的盒子（如鞋盒），把这十二个瓶子，放在盒内，就完成嗅觉筒的制造了。

以上所述，是家长自己为启发孩子感官的潜力，使之精确敏锐，而利用家里的材料自制教具，聪明的你，在看过以后，一定会被激发出灵感举一反三，自创更多的自制教具，使你的孩子在家也能得到最适合和及时的教育和锻炼。

三、家庭课堂

视觉

（一）圆柱体插座

教具

圆柱体插座：直径和高同时递减。

基本操作

1.请孩子取来圆柱体插座，放在桌子上。

2.家长示范将圆柱体插座取出随意混放，通过视觉的辨别找出最大的一个，放在桌子的左边。

3.再从剩余的圆柱体插座中找出最大的一个，放在上一个的右侧，依次类推将其按照由大到小的顺序排列。

4.将排列好的的圆柱体插座一一放回凹槽中，结束工作。

5.请孩子来做。

6.教具归位。

目的

培养孩子视觉的敏锐性；

学习辨别物品大小，高低，粗细的特征；

培养孩子的逻辑思考能力（配对、排序）。

（二）摆棋子

教具

塑料跳棋或玻璃弹子跳棋。

基本操作

1.拿出跳棋，并将所有弹子取出放在一个盒子里。

2.在家长的提示下，请孩子先取一种颜色的弹子，选一个阵脚开始摆棋子。

3.年龄稍大的孩子可以一边摆一边数数1～10。

4.依次将六种颜色全部摆完，家长可以同时教孩子颜色的汉字和对应的英语单词。

5.可以双手同时摆，训练双手的灵巧性。

6.收拾物品放回原位。

目的

学习按物体的颜色分类；

训练手指的精细动作。

（三）“做麻花”

教具

彩泥或面团。

基本操作

1.家长跟孩子说：“给宝宝做麻花吃！”

2. 把彩泥分成大小不同的5份。

3.把每一团经过捆搓做成一根长条。

4.将做成的5根不同长度的面条平放在桌上。

5.让孩子把5根长条按从长到短进行排序（左端要对齐）。

6.家长教孩子制作麻花的方法：左右手各捏住面条的两端对折、捏住，左手拿中间部位，右手握住头部，左右手反向转面条，制成麻花。

7.做好的5根麻花放在桌上，再把麻花按从长到短进行排序。

8.整理物品。

目的

练习按长、短排列物体顺序；

学会搓和拧的动作。

听觉

（一）用积木发声

教具

两块积木。

基本操作

1.给孩子两块积木，让他一手拿一块。

2.然后让他相互撞击两块积木，发出声响。

3.开始时，家长可以扶着孩子的双手，教他撞击。

4.家长还可以控制撞击的力度，让孩子感受到，用力撞击时，发出的声响会大些；用力小的时候，声响也会变小。

5.将积木放回原位。

目的

刺激听觉；

锻炼小肌肉的力量。

（二）辨别方向

教具

铃铛或发声玩具。

基本操作

1.将铃铛先放在孩子的左侧，然后发出声响。

2.再将铃铛放在孩子右侧发出声响。

3.在孩子左右两侧交替发出声响，以吸引孩子的注意力。

4.孩子会把头转向声音发出的方向。

目的

提高听觉能力；

提升方向感；

集中注意力。

（三）发声筒

教具

发声筒（家庭自制教具）；

豆子、沙子、冰糖；

不同颜色的纸。

基本操作

1.先将盛有豆子、沙子等的筒子从盒子里取出来，为每一筒贴上不同颜色纸，使孩子看不到筒里物体，放在孩子面前的桌子上。

2.拿一个筒子摇一摇让孩子听到是某种响度声音。

3.再取出与其不同颜色的筒子摇一摇。

4.找出与先放在桌子上的筒子声音相同的一个，配成一组（即两个筒盖的颜色不同，发出的声音一样）。

5.将所有的筒子都用这个方法分六组。

6.当孩子学会这种活动以后，再让他自己先配对成组。

7.指导他，把各组的筒子，按声音的最大、大、中、小、最小的秩序排列。

8.整理材料放回原位。

目的

提高听觉发展；

建立秩序观念。

触觉

（一）触觉板

教具

3块有粗糙面（砂纸）的长方形木板：

A板：粗糙面（砂纸）及光滑面（木质）各占一半的木板一块；

B板：与A板相同的粗糙面光滑面交互组合的木板一块；

C板：由五级粗糙面所构成的木板一块。

基本操作

1.介绍教具给孩子认识，并准备好桌子。

2.为了增加练习者手指的敏感度，可先用温水洗手，用毛巾擦下双手后，以光滑的手指开始练习。

3.取出A板放在桌上，粗糙面的一边靠近孩子。

4.家长示范板的触摸法：首先用左手轻压住A板左下角，使木板固定不动，右手在左边粗糙部分以全部手指轻抚，反复数次。

5.让孩子试试看，当孩子进行练习时，家长一边说“粗糙”“好粗”等词，让孩子跟着一起说（动作和名称练习同时进行是本练习中很重要的一环）。

6.然后右边的光滑面也用同样步骤进行，同时进行名称练习，如：“滑滑的”“很光滑”等。

7.让孩子轻轻触摸的机会直到熟悉之后，才进行闭上眼睛的练习。

8.将A板放回教具柜上。

9.B板、C板也用同样的要领进行操作。

10.整理物品。

目的

训练触觉的敏感度；

辨别粗糙、光滑不同；

形成概念认知。

（二）神秘袋

教具

布袋

几何立体组：球体、正方体、长方体、圆柱体、圆锥体。

基本操作

1.准备好桌子，邀请孩子一起来工作。

2.将布袋中各种几何立体，如圆柱体、球体、长方体等介绍给孩子认识。

3.指球体说“这是球体”，拿起球体放在两手心中来回滚动，感知球体的外形，也递给孩子感知一下，放回原处。

4.同样方法认识正方体、长方体、圆柱体和圆锥体。

5.将这些几何立体重新放入袋中。

6.家长说出其中一种几何立体，让孩子从袋中取出。

7.教具归位。

目的

进行触觉训练；

增强幼儿对几何的认识；

培养逻辑思考能力。

（三）温觉瓶

教具

温觉瓶（家庭自制教具）。

基本操作

1.家长先用自己的手，依次试摸。

2.将每个瓶子温度差异调整好。

3.趁温度尚未变化之前，让幼儿用他们的手指去感觉，去说出哪个冷，哪个热。

4.跟孩子一起边触摸边说“这是冷的”、“这是热的”、“这瓶比那瓶冷一点”。

5.整理物品。

目的

增进触觉发展；

辨别相同温度和不同温度；

区别不同冷热的程度。

味觉

（一）玩具的“味道”

教具

小球、积木、布玩。

基本操作

1.家长选择一些不同质地，软硬不同的玩具，如小球、积木、布玩等，将玩具清洗干净并消毒。

2.将玩具放在孩子的周围，拿起其中一个逗孩子玩，吸引孩子注意。

3.孩子被吸引后，让他自己拿着玩具玩儿或者咬，家长在旁边照看，不要干预，让孩子自己去“品尝”玩具的“味道”，感受玩具的软硬程度。

4.家长在选择玩具时应选择材质安全、颜色鲜艳和棱角不明显的，避免太小或太尖锐的。

5.将物品放回原位。

目的

感受物品的软硬和质地；

提高口对物品的识别度。

（二）味觉瓶

教具

味觉瓶（家庭自制教具）；

托盘2个；

毛巾；

洗手盆；

杯子。

基本操作

1.准备桌子，装味觉瓶的盘子和装用具的盘子都搬到桌子上，介绍味觉瓶。

2.请孩子漱口、洗手。

3.先拿出2种相同味道（甜、咸）的两对味觉瓶。

4.拿一个甜味瓶放在面前，用右手拿起滴管顶部，从瓶中吸取少量的溶液滴在左手食指或手背上，用舌头尝尝看。

5.也滴一点在孩子手上（如果用吸管也可直接滴在舌头上），让他也尝尝，这时家长要告诉他味道的名称，如："甜甜的""好甜啊"。

6.将孩子手洗干净，然后喝一点白开水以去掉口中的味道（每做完一次练习一定要重复以上程序）。

7.接着再进行咸味瓶的练习，让孩子尝过后告诉他名称："咸的"，并询问："和刚才的味道一样吗？""你喜欢哪一种味道。

8.依这种方法将4个味觉瓶各自配成对。

9.收拾用具及味觉瓶连同盘子一起放回原位。

10.几天后，再加上4个其他味道的瓶子（酸、苦味），也依同样方法进行练习。

目的

感受酸、甜、苦、咸；

提升味觉能力。

（三）猜水果

教具

苹果、梨子、香蕉、桃子等水果；

苹果、梨子、香蕉、桃子等水果的模型。

基本操作

1.家长将苹果、梨子、香蕉、桃子等水果洗净、销好装进保鲜袋盒里面。

2.将准备好的苹果、梨子、香蕉、桃子等的水果的模型放到孩子跟前。

3.从保鲜盒随便拿出一样销好的水果让孩子品尝。

4.孩子尝过水果之后，找出相应的水果模型。

5.将物品收好，放回原位。

目的

感受不同水果的不同味道；

培养孩子对味道的分辨力。

嗅觉

（一）闻味道

教具

醋、茉莉花茶水、橙汁各一杯；

眼罩一个。

基本操作

1.准备好桌子，取来醋、茉莉花茶水、橙汁各一杯，放在桌子上。

2.让孩子分别去闻每个杯子，同时告诉孩子名称。

3.让孩子戴上眼罩再逐一闻杯中的液体。

4.根据闻到的味道让孩子说出液体的名称。

5.根据孩子的认知能力增加品种。

6.收拾桌子。

目的

发展孩子嗅觉的灵敏性。

（二）香与臭

教具

香油一杯；

臭豆腐一盘。

基本操作

1.家长出示香油和臭豆腐，并向孩子介绍两种物质的名称。

2.引导孩子分别去闻两种物质，并说出其名称。

3.请孩子闭上眼睛，引导孩子通过嗅觉判断两种物质，感知香与臭两种不同气味。

4.可增加材料的种类请孩子辨别，也可以让孩子说一说其他有香味或臭味的物品。

5.物品归位。

目的

训练孩子的嗅觉；

认识香与臭两种不同气味。

小贴士

蒙台梭利认为感官教育的主要目的是通过训练儿童的注意、比较、观察和判断能力，使儿童的感受性更加敏捷、准确、精准。在她看来，学前阶段的儿童各种感觉特别敏感，处在各种感觉的敏感期，在这一时期如果不进行充分的感觉活动，长大以后不仅难以弥补，而且还会使其整个精神发展受到损伤，因此，在幼儿时期进行各种感官教育是至关重要的。

第三章　数学教育

蒙台梭利经过几年的数学学习，发现了数学心智，所以她强调培养儿童的数学心智，怎么培养儿童的数学心智呢？也就是培养儿童数学的感受力，而不是技巧。她认为数学心智，可以影响儿童的性格形成，使儿童将来做什么事都会井然有序，按部就班。

她了解人类的学习过程，是由简单到复杂，具体到抽象；所以在面对“数学”这种纯抽象概念的知识时，唯一让孩子觉得容易学习的方法，也只有以具体、简单的实物为起始。让孩子们在亲自动手中，先由对实物的多与少、大和小，求得了解，再自然而然地联想起具体与抽象间的关系。

一、内容介绍及教育目标

内容介绍

根据儿童数学教育目标，蒙氏数学教育包括的内容范围比较广泛，主要有感知集合、数、形、量、时间和空间等几个方面：

1.感知集合：物体分类；比较两个物体和数量的相等与不相等；认识“少”和“多”及其关系。

2.数概念：认识数的实际意义；认识相邻数；认识数的守恒；认识数的组成；认识数的序列。

3.加减运算。

4.几何形体的认识及认识图形与图形之间的简单关系。

5.量的初步知识：比较大小、长短、高矮等简单的量；学习量的正逆排序；学习量的守恒；量的相对性和传递性；学习自然测量。

6.时间的初步知识。

7.空间方位的初步知识。

8.学习守恒。

教育目标

1.知识

数学知识是自然知识中最基础的知识，所以数学教育的目的是要培养幼儿初步的数量概念，进行加、减、乘、除运算，学习一些有关的几何形体、时间、空间等粗浅知识。

2.智力

数学教育不仅在于学习数学知识，更应该发展智力。要把幼儿数学教育的重点放在培养幼儿的思维力上，所以数学教育应促进儿童智力的发展，培养儿童初步的抽象思维能力、理解能力、判断能力。

3.非智力因素

培养儿童学习数学的兴趣和良好的学习习惯，使它成为儿童学好数学的初步知识的入门，它贯穿于整个数学教学过程中。

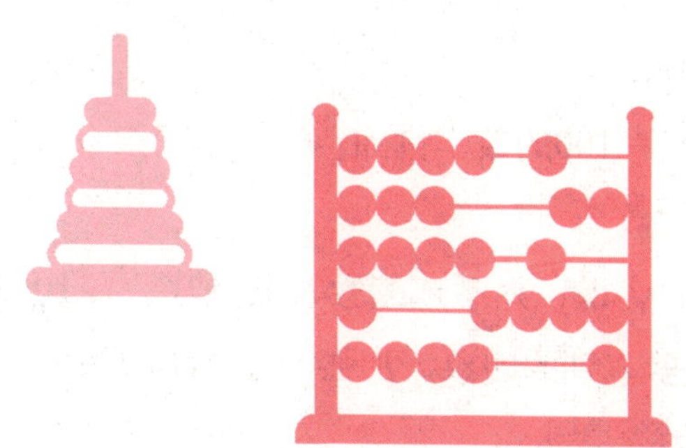

二、教具

1.数量概念的基本练习

（1）数棒：以长度1～10的量，量对应数名。

（2）砂数字板：掌握1～10的数字，用手摸。

（3）纺锤箱：1～10认识的游戏。

（4）数字与筹码：了解奇数与偶数。

（5）彩色串珠棒：连续数的认识，数量名的结合。

2.十进位法的练习

数字卡、串珠：认识十进位，从1变10，从10变100，从100变1000。

3.使用数棒的基本计算练习

金色串珠棒、黑色串珠棒、灰色串珠棒：引导儿童认识算式，利用接龙游戏，认识数的合成与分解，认识加减法和十进位的初步运算，加强10的构成和分解练习。

4.连续数的认识

（1）塞根板：主要是11到19的数。

（2）1～100连续数板：主要记1～100的数字排列。

（3）100串珠链：认识1～100的数。

（4）1000串珠链：加强对数的认识；熟悉连续数及其顺序；与100串珠板、1000的立方体珠块比较，培养差别的印象，加强十进位法的知识。

5.导入初步的平方和立方

（1）1千立方体：学习立方的概念。

（2）邮票游戏：熟悉数位的转换关系，并进行大数量的四则运算。

（3）大串珠组(包括平方珠链，立方珠链、框架)：学习立方的概念和学乘法的预备。

（4）二项式、三项式：帮助儿童理解代数概念，引导平方根。

6.基本四则运算

加法板、乘法板、除法板、减法板：主要掌握加减乘除法的原理。

7.分数

（1）分数小人：了解整体与部分的概念。

（2）圆形分数板：认识分数，了解部分与整体的关系，增进组合概念。

8.几何

（1）几何图形卡片：主要认识浅角名称。

（2）组成三角形：掌握名称和认识图形的组合与分解。

（3）立体几何组：发展幼儿三维空间的能力。

三、家庭课堂

感知集合

（一）小碗、小勺找朋友

教具

形状和颜色相同但大小不同的勺子4把；

形状和颜色相同但大小不同的碗4个。

基本操作

1.放好桌子，随意将大小不同的4个碗放在桌子上。

2.家长问孩子“哪个最大？哪个最小？”

3.请孩子按从大到小的顺序将碗排好。

4.家长拿出4个小勺，按上述方法排序提问。

5.家长跟孩子说：“小碗小勺要找朋友，请你帮忙找一找！”

6.孩子将勺子按顺序依次放进大小不同的碗中。

7.收拾桌子，放回原位。

目的

学习按大小排序、配对。

（二）分裙子

教具

妈妈在白纸上自制小裙子图样，腰上带蝴蝶结和不带蝴蝶结两种，每种再分别画有小圆图案和横线图案、竖线图案、斜线图案的裙子各2～3条（合计画10～20条）。

基本操作

1.家长指导孩子把有共同特点的裙子放在一起，看看有几种分法。

2.家长只提出要求，不提示或示范。

3.孩子分完后，家长请孩子用语言表达自己的想法、做法。

4.分完后回答问题：有蝴蝶结的裙子多还是没有蝴蝶结的裙子多？为什么？

5.通过对孩子地提问引出“裙子”是一个集合的总概念，有蝴蝶结的裙子是裙子中的一部分。

6.整理物品放回原位。

目的

学习多角度的分类；

学习类别之间的包含关系。

（三）寻宝贝

教具

一个小塑料袋（小篮子）。

基本操作

1.家长带领孩子散步或户外活动时，预先带上小塑料袋，来到户外或公园里提示孩子拣拾一些孩子感兴趣的东西。

2.家长可以同孩子一起拣，如不同形状的树叶、花朵、花瓣、小石头等。

3.休息时，开始展示自己的宝贝。

4.指导或提示孩子将物品进行分类，并说出名字。

5.家长可以以此讲些故事给孩子听。

6.回家注意洗手，告诉孩子为什么要讲卫生。

目的

学习按物品的种类进行分类。

2岁，根据成人的示范进行分类；

3岁，根据成人的指令性语言进行分类；

4岁，根据物品的种类自己分类，并说出名称。

数概念

（一）数棒

教具

工作地毯；

数棒。

基本操作

1.铺开工作地毯，为孩子介绍要做数棒的工作。

2.握数棒两端对齐，由短至长一一取出并散放到工作地毯上。

3.数棒左端对齐，按照由长至短的顺序排列在工作毯上方。

4.取出数棒1，指着它说“1，这是1。”

5.取出数棒2，拿着数棒1比着2数“1、2这是2。”将数棒1放回原位。

6.依此类推，数完后按照由长至短的顺序将数棒放回去。

7.注意：数棒是孩子第一次接触数量的工作，每次只要认识3～4根即可。

8.整理物品归位。

目的

学习1～10连续的数量；

学习数数；

导入数的概念；

为学习十进位法打基础。

（二）数字罐

教具

饮料罐10个；

吸管若干。

基本操作

1.在饮料罐外面分别贴上1～10十个数字。

2.请孩子依照数字把相同数量的吸管插入，边插边数，手口一致。

3.家长也可以先在罐内放入几枝，让孩子看看吸管数量跟罐上的数字是否对应，不够要加上几根，多了取走几根。

4.任意取两罐，让孩子比一比哪个吸管多，哪个吸管少。

5.整理物品放回原位。

目的

认识数的实际意义。

（三）数字与筹码

教具

工作毯；

木制数字1～10各一个；

55片红色圆形筹码。

基本操作

1.准备好工作毯，给孩子介绍要做数字与筹码的工作

2.取来教具放在工作毯上，请孩子将木制数字按1～10的顺序横行摆开。

3.每读出一个数字就从盒中取同样数量的筹码摆在数字下面（可请孩子帮忙取筹码）。

4.全部对应摆好，家长说“我们现在来给筹码排队好么？”，将筹码左右对称摆好。

5.指着筹码1说“这是1，1有小伙伴么？没有，给他起个名安叫奇数，我们请他站出来”。将1的木制数字向上挪动。

6.指着筹码2说：“这是2，2的筹码有小伙伴么？没有，给他起个名字叫偶数，请他站着不动”，2的木制数字不动。

7.依次类推，将1、3、5、7、9的木制数字均向上挪动，和2、4、6、8、10这几个数字区分开。

8.总结，“我们看看，筹码1、3、5、7、9都没有伙伴，他们叫奇数，2、4、6、8、10的筹码都有伙伴，他们叫偶数。”

9.教具归位。

目的

巩固1～10的点数；

了解奇数和偶数的概念。

（四）出牌配对

教具

扑克牌1副。

基本操作

以“8”为例：

1.家长与孩子一起把扑克牌中的红桃、方片、梅花、黑桃，四花色中的1～7的牌取出来，共28张。

2.家长用一张白纸写上数字8摆在一边，交待孩子今天的玩法是凑8。

3.将各花色1～7，共28张牌打乱顺序，然后从中任意抽出一张扣放在8的标志旁边，两人协商好先后开始抓牌。

4.各自将手中的牌进行整理，从中选出可以组合成8的牌，抽出放在自己的前面。

5.数手中所剩牌的数量，谁剩的牌多谁先出牌。

6.抽取对方的一张牌，再在自己手中的牌中找一找，是否有与所抽取的牌合起来是8的，如有就取出放在前面。

7.轮流抽牌，谁手中的牌先被抽完，谁为胜利者。

8.将牌收好归位。

目的

练习数的不同组合形式；

为学习10以内的计算做准备。

（五）1~100板

教具

100板1块；

控制板1块；

1～100的木制数字板；

10个小盒（可用胶卷盒，每盒放10个数字，盒外要贴有标签1～10，11～20，……91～100）。

基本操作

1.准备好桌子，跟孩子介绍要做100板的“工作”。

2.取来教具，100板放在中间，控制板放在100板左边，数字板小盒放在控制板前。

3.从标签1～10的小盒中倒出数字板，铺开摆放在100板下方。

4.手指指着控制板中的“1”说“1”，从数字板中找出1，放在100板相应的位置，再次说“1”。

5.手指指着控制板中的“2”说“2”，从数字板中找出2，放在100板相应的位置，再次说“2”。

6.1～10完成后，同样方法做11～20……91～100。

7.收数字板时从最下一行开始，分别放入对应的数字小盒中。

8.教具归位。

目的

认识并能正数、倒数100以内的数字；

导入间隔计数，培养儿童专注力和耐心。

加减运算

（一）大老板

教具

彩纸；

剪刀；

彩笔；

各种玩具。

基本操作

1.家长拿出彩纸、彩笔和剪刀，和孩子一起制作游戏道具：钱。

2.孩子自己来决定钱的形状、颜色、图案。

3.把各种玩具当成商品摆放好。

4.家长根据孩子的数学能力给每个“商品”定价。

5.家长扮演老板，孩子扮演客人。

6.孩子来买东西（考考孩子的计算能力）。

7.换孩子扮演老板，家长扮演客人。买东西时，家长可适度“为难”孩子，比如定价10元的东西，只给7元。

8.将材料整理干净，所有物品放回原位。

目的

训练孩子加减运算能力；

培养孩子独立生活能力及交际能力；

加强孩子读数的敏感性；

提高数学的运用能力。

（二）邮票游戏

教具

邮票盒（内有代表个、十、百、千的邮票和位数小人）；

小盒子（进位或退位时交换邮票用）；

大小数字卡片（除邮票盒外，其他工作材料需家长自己准备）；

工作地毯。

基本操作

A.加法邮票游戏

1.铺开工作毯，为孩子介绍要做加法邮票游戏。

2.将邮票游戏盒取来放在工作毯的右下角。

3.拿出题目卡片，例如："2135＋3462＝？"读出题目后说"爸爸有2135张邮票，妈妈有3462张邮票，我们一共有多少呢？"

4.拿出位数小人千位在左，个位在右依次排列在工作毯上方。

5.从邮票盒中取出2135的邮票，从个位到千位摆放在相应的位数小人下，边摆边点数。

6.按相同方法将3462摆放2135下方后，在相应的地方摆上红线、加号、等号。

7."让我们将个位的邮票加在一起。"取盒子把个位所有的邮票放进去，然后转移到红线以下个位的位置上，边放边数"1、2、3、4、5、6、7、个位的得数是7"。

8."让我们将十位的邮票加在一起……"其他以此类推。

9."得数是5597，爸爸和妈妈的邮票放在一起一共有5597张。"

10.教具按一定顺序收好归位。

11.注意在进行加法邮票游戏的学习时，要先带给孩子不进位的计算，再带给孩子进位的计算（进位计算的方法同乘法邮票游戏）。

B.减法邮票游戏

1.铺开工作毯，邀请孩子一起来工作，介绍要做减法邮票游戏。

2.将邮票游戏盒取来放在工作毯的右下角。

3.拿出题目卡片，例如："2374−1706=？"读出题目后说"妈妈有2374张邮票，送给了王阿姨1706张，那妈妈还剩多少张邮票？"

4.拿出位数小人千位在左、个位在右依次排列在工作毯上方。

5.按题目卡取出与被减数2374等量的邮票，从个位到千位摆放在相应的位数小人下，边摆边点数。

6.减数位置上要空出来，在减数下方放红线、减号、等号。

7.“我们从个位邮票开始减，用4减去6”。将被减数个位的邮票一一转移到减数个位的位置上，边放边数“1、2、3、4，个位的邮票不够减，我们向十位借一个10”，从十位上拿出一个10换成10个1的邮票放在被数的个位上。

8.在借位之后继续减，“5、6，个位减完了，我们数数还剩下多少邮票”，用盒子将被减数上剩余的邮票收好，一一点数到红线下方个位得数的位置上，“1、2、3、4、5、6、7、8，个位的得数是8”。

9.“下面我们来进行十位的减法，十位上原来有70，借给个位10还剩下60，我们现在用60减去……”其他各位以此类推。

10.“得数是668，妈妈的邮票还剩下668张”。

11.教具归位。

12.注意：在进行减法邮票游戏的学习时，要先带给孩子不借位的计算，再带给孩子进位的计算。

目的

学习大数量的不进位、进位，不退位和退位的加减运算；

进一步认识个、十、百、千和它们之间的关系；

理解加减运算的意义；

确定位的概念。

几何形体

（一）拼图形

教具

彩色手工纸（正方形、长方形、圆形、三角形、椭圆形等）；

剪刀；

白纸；

胶水。

基本操作

1.家长给孩子看准备好的彩色纸，让幼儿说出都有什么形状颜色的纸。

2.请孩子把每张纸都分成四份。

3.孩子如果一点都不会，经过尝试后，家长可以和孩子一人拿一张同样形状的纸，如正方形。家长边做边引导孩子操作，把它折叠2次，然后按折痕剪成相等的四份。

4.把剪成的四份图片再还原成原样贴在白纸上。

5.用数字表示分了几份。

6.其他图形依据同样方法进行。

7.孩子反复操作，加深印象。

8.鼓励孩子想出更多的办法。

9.物品归位。

目的

认识几何图形；

学习分四等份；

培养孩子的动手能力和发散性思维；

培养孩子的观察力、判断力和推理能力。

（二）画积木

教具

积木；

贴纸；

纸；

笔。

基本操作

1.家长和孩子一起取来积木、纸、笔。

2.取出一块正方形积木，先让孩子用手触摸积木，感知观察外形特征，然后家长示范描画的方法。

3.把积木放在白纸上，左手压在积木上，右手握笔沿积木边描画，每描一面在积木上贴一个小帖纸做记号。

4.全部画好后，让幼儿数积木的面数后在纸上写上数字，然后问孩子“正方体有几个面呀？”

5.用积木的另一个面在其他描画好的正方形上比，让孩子观察6个面是一样大的。

6.取其他形状的积木来画。长方体有多种样式，让幼儿更多的观察和了解，重点放在比较不同上。

7.让孩子结合生活，找找有什么物体和这些形状相同。

8.物品归位。

目的

了解立体图形的概念；

感知立体图形和平面图形的关系。

（三）建构三角形

教具

长方形盒（内含各种三角形）。

基本操作

1.铺好工作毯，邀请孩子一起参与建构三角形第一盒一长方形盒的工作。

2.取来教具后，将盒内的三角形一一取出散放在毯上。

3.家长对孩子说“请你按照三角形的形状把它们分开”，分类摆放顺序为：2个黄色等腰直角三角形、2个绿色等腰直角三角形、2个黄色直角三角形、2个绿色直角三角形、2个灰直角三角形、2个黄色等边三角形、1个红色直角三角形、1个红色钝角等腰三角形。

4.取下第一对三角形，食、中两指并拢按照指示线将三角形建构成其他图形。

5.请孩子尝试。

6.教具归位。

目的

认识不同形状的三角形；

培养孩子敏锐的观察力及专注力；

发展肌肉运动的控制能力；

增强手眼协调能力；

培养孩子的逻辑思考能力。

量的初步知识

（一）小小蛋糕师

教具

彩泥；

牙签。

基本操作

1.家长和孩子一起当“蛋糕师”，用彩泥做生日蛋糕。

2.根据顾客（家里其他成员）的要求，分别制作出一个三层的和一个一层的蛋糕。

3.让孩子比较两个个蛋糕的厚度，学习厚薄概念。

4.家长捏多个不同厚度的蛋糕。

5.让孩子按蛋糕从厚到薄的顺序，练习排列。

6.整理物品归位。

目的

学习区分厚、薄；

练习并列排序。

（二）哪个长，哪个短

教具

5根吸管（吸管之间长度相差2厘米）。

20厘米直尺一把。

基本操作

1.取出5根吸管，让孩子观察他们一样吗？有什么不同？

2.取出最长的，与最短的比一比，问问孩子“哪个长哪个短”，再任意取两根进行比较。

3.小吸管要从最长的到最短的排个队，请孩子来帮忙，取出直尺纵向放在左侧，吸管一端要顶住尺子横向放。

4.鼓励孩子大胆尝试着放，成功了要表扬。

5.如果孩子排序有困难，家长可以先示范。

6.让孩子按照示范摆，逐步到自己独立摆好。

7.把直尺横向放，纵向放吸管，让孩子再次尝试。

8.物品归位。

目的

加深长短的概念；

学习按长度排列物体的顺序。

时间的初步知识

（一）认日期

教具

日历（当年的）。

基本操作

1.家长拿来日历。

2.指出当日所属的月份，问孩子：“这是几？”孩子回答。

3.再指出当日日期的数字，问：“这是几？”孩子回答。

4.然后告诉孩子：“对了，今天就是这两个数字连起来读：6月1日！”

5.加深孩子对这一天的印象：“6月1日是儿童节，是宝宝的节日。爸爸妈妈要带你出去玩，庆祝节日”

6.孩子回答问题，发展想象力。

7.再让孩子自己说出今天的日期。

8.物品归位。

目的

掌握抽象的日期和时间概念；

增强记忆力；

发展想象力。

（二）摆时钟

教具

一块白板；

三根棍子（长短不同）。

基本操作

1.家长在白板或墙壁上画一个大的时钟模型，分别将时钟的刻度标识出来。

2.父母和孩子三个人分别扮演时钟的秒针、分针和时针，手上拿着三种长度不一的棍子或其他道具（代表时钟的指针）在时钟前面站成一纵列（注意是背向白板或墙壁，扮演者看不到时钟模型）。

3.父母任意说出一个时刻，比如现在是3点45分15秒，要三个分别扮演的人迅速的将代表指针的道具指向正确的位置，指示错误或指示慢的人受罚。

4.可重复玩多次，亦可有一人同时扮演时钟的分针和时针，训练表演者的判断力和反应能力。

5.擦净白板，收拾物品放回原位。

目的

帮助孩子认识时间；

训练孩子的反应能力。

空间方位的初步知识

（一）分辨左右

教具

红色和蓝色两种圆点贴纸数张。

基本操作

1.家长事先在右手背上贴上红色圆点贴纸，然后提问孩子："妈妈的手上有什么？"

2.家长再接着问孩子："知不知道这是妈妈的左手还是右手？"（右手）并试着让孩子举起和家长相同的右手。

3.如果孩子举对了，就在举对的右手背上也贴上红色圆点贴纸。

4.如果孩子举错了，家长可以站在孩子身旁，和孩子面向同方向伸出右手，让其对照。

5.待孩子的右手贴上红色圆点贴纸后，家长请孩子一起说出"红色点点的是右手"。

6.家长接着提问："请把有红色点点的右手举起来！"（加重右手的读音）。

7.进一步说："请把你的右手举起来！"

8.依照相同的方式，由家长在左手贴上蓝色圆点贴纸，重复1到7的步骤，练习左手的判别，再加入左右手交替举手的练习。

9.在游戏进行数次后，请孩子拿下贴纸，以避免孩子依赖颜色做举手的依据。

10.整理教具，洗手。

目的

认识并分辨左右手；

学习从自身出发分辨左右手的方位与位置词语。

（二）积木车

教具

可拆卸的积木车（或具有内部结构的积木玩具）。

基本操作

1.让孩子将积木车拆开。

2.开始装车。

3.在孩子装车的过程中，提示孩子"先安装下面的车轮，然后安装车身，后面的座位不要忘了，前面是"方向盘"等，让孩子了解前、后、左、右、上、下、里、外等方位的知识。

4.物品归位。

目的

训练方位认知；

熟悉方位语言。

学习守恒

（一）量米

教具

塑料漏斗；

各种大小、形状不同的透明塑料瓶子4～5个；

小碗一只；

米若干。

基本操作

1.家长跟孩子说要做买米的游戏，家长做顾客买米，孩子扮演售货员卖米。

2.家长先拿一个瓶子去孩子处买米，要求是买平的一碗米，要求孩子必须在瓶子上放一漏斗，用碗装米（要平），再慢慢地导入漏斗流入瓶中，尽量不外撒。

3.家长不断去买米，每次所用瓶子都与前面一个有较大区别。

4.买米结束将所有瓶子展示，让孩子观察，哪个瓶子的米多？为什么？

5.提示孩子回忆，每次都买一平碗米，米是一样多的，为什么装在瓶中看起来就不一样了呢？鼓励孩子自己找出答案。

6.物品归位。

目的

认识守恒；

体验容积概念；

精细动作锻炼。

（二）捏面团

教具

面团（橡皮泥）；

或擀面杖。

基本操作

1.家长制作两块一样大小的面团（不必告诉孩子是一样大的，让孩子自己观察），问孩子“这两块面团一样大吗？”

2.家长首先把一块面搓成一个长条形，再与另一块面团相比“这两块面团还一样多吗？”

3.家长再把长条形面团捏成一个小碗，再让孩子来比，是否还一样多？

4.家长把碗再用擀面杖擀成一个大圆片，再让孩子来比较是否还一样多？

5.让孩子也来试试，面团的形状不断变化为什么还是一样多呢？

目的

学习体积的守恒。

（三）小魔术师

教具

边长1.5厘米的正方形硬纸片50个或更多；

纸；

笔。

基本操作

1.家长给孩子一叠正方形纸片，让孩子点数有多少个。

2.家长说：“请你和我一起当魔术师，每个图形5个正方形硬纸片，看我们谁摆出来的花样多？”

3.家长和孩子一起摆，每摆一个图

形取5个正方形纸片，鼓励孩子大胆想象创造，并将孩子所摆图形，教孩子用笔画下来。

4.家长开始可以提示一些方法，比如水平摆、竖直摆等，以后让孩子自由创作。

5.3～4岁可以掌握到5以内，4～5岁可以掌握10以内的守恒。

6.整理物品放回原位。

目的

体会数的守恒；

培养创造性思维。

小贴士

蒙台梭利数学教育是以感官教育教具作为基础的，摆脱把问题和答案被动地强加给孩子的僵化模式，积极倡导孩子在学具所设计的各类游戏中主动地去迎接种种挑战，自主学习，自主思考，玩出兴趣，玩出智慧，玩会数学。

她将抽象的数学概念、高深的数学思想融入简单有趣的教具中，所以，即使是数学这种我们传统认为应该去听、去看、去学的“专业”知识，也可以用“玩”的方式，通过实际的动手操作来进行。

孩子在兴致勃勃地玩教具、做游戏时，潜移默化地理解了数学概念，形成了形象生动的直观思维，在不知不觉中掌握了基本的加减乘除读写算，这些可都是在传统数学的学习中经过大量艰苦的训练才能达到的技能呢！

第四章 语言教育

语言是智慧的工具，语言也是智慧的途径，语文教育的目的，则帮助儿童使用正确的语言表达自己的思想，语言是在群体生活中人与人之间不可缺少的沟通工具。蒙台梭利说：“语言是促使人类进步最有力的工具，是影响儿童未来发展的最大动力，儿童的语言不是双亲传给的，是出生后从环境中学来的，是以自我学习，自我形式发展的。”

所以，她主张在孩子一出生，大人就应该提供一个充满语言与文字的环境，让他自然地由“感觉”到“领悟”周围的一切。例如，自小就不断地对他说话；大约在孩子会走路以后，就在孩子用的毛巾上写上他的名字……等。因为孩子的成长需要相当的时间，因而要循序渐进地去培养，由大人的间接预备，养成孩子具有直接的学习与领悟的能力。

一、内容介绍及教育目标

内容介绍

蒙台梭利说："当各种不同声响杂乱地传进儿童的耳朵里时，某些富有魅力和吸引力的声音波突然而又清晰地听到了。这是尚未有推理能力的心灵听到了一种音乐，这种音乐充满了他的整个世界，这个儿童的神经纤维被充分地激发起有规律的震动，并在一种指令和命令下改变他们的震动方式。"

这种音乐正是人类的语言，儿童从对声音的敏感到了解声音的意义，由于重复的刺激，而形成概念，经过思考推理，儿童学习如何回应外来的相同或不同的刺激，于是语言产生了。其意义在于：表达与沟通；吸收知识与发展智慧；对文化的继承与创造。由此可见，语言是思想的集合，智慧的工具，其发展是与社会背景、整体文化的发展息息相关的。

蒙台梭利语言教育主要是通过创设某些适宜的语言环境（软环境或者硬环境），来逐步培养孩子听、说、写、读的能力与习惯。所以，蒙氏的语言教育主要分为两个方面：

1.口语教育，包括听和说的训练

（1）要从交谈身边的事物开始。

（2）要把孩子放在预备的环境中，要得到成人的帮助。

2.文字教育，包括阅读和书写能力的教育

（1）孩子对文字较感兴趣。熟悉日常生活中的一些标记和符号。

（2）文字教育必须按心理过程，从具体到半具体到抽象进行。

需要注意的是，蒙台梭利曾用各种教学手段进行阅读和书写的教学实验。实验说明应清楚地区分书写和阅读，这两种活动并不是同时进行的。与一般想法相反，蒙台梭利认为书写先于阅读。前者是低级的语言阶段，主要是心理运动机制起作用，而后者即阅读则是纯粹的智力活动。书写方法能为阅读做准备，使阅读几乎毫无困难。

教育目标

1.听、说能力

创造有声的环境，给予孩子动口练习的机会，培养孩子倾听的能力。

2.书写能力

让孩子用画画表达思想，并练习书写的动作，培养孩子认读及书写能力。

3.认读能力

培养孩子认识字汇和加强表达能力。

4.早期阅读

提供良好阅读环境，培养孩子早期阅读。

5.欣赏能力

欣赏文学作品，促进孩子语言学习的兴趣。

6.提升道德

扩展语言的经验，开拓知识和文化领域，丰富孩子的精神世界，陶冶孩子情操，培养孩子良好的思想道德品质。

二、教具

1.砂纸字母板

大写小写各一套，由大小写砂纸字母板各26块组成。通过触摸认识英文字母，主要练习发音、认写、写是用手触摸，做书写的准备。

2.印刷字母卡

由大小写印刷字母各5套、布袋两个组成，认识英文字母大小写的印刷体。

3.活动字母箱

熟悉字母，练习单词的拼写。

4.双字母砂纸字母板

熟悉汉语拼音的组成及发音，练习书写。

5.金属嵌板

练习金属嵌板不仅强化三指抓的能力，加强腕肌的协调力，而且透过描绘的练习，更可增强笔触力道的熟练度。

蒙台梭利教学法常常是运用“间接”的方法来帮助孩子的发展，在语言教育练习上更是如此。她不直接教儿童拿笔写字，而是从日常生活练习中，就已经开始“预备”了，例如舀豆子、夹衣夹时的肌肉控制、协调。

常见的“砂纸字板”，是让孩子用手指去触摸砂纸中的字型（不用细笔，而用手指），利用这种预备写字的间接练习养成头脑对于眼力和肌肉间“发号施令”的协调能力。

另外，家长还要明白：大人也在“环境”中，除了要充当好的环境要素外，还要为孩子预备许多不同内容的书籍、图片，让孩子去接触、去翻阅，使他们常识能逐渐丰富。因为家庭当中，蒙氏语文教具有限，书籍就成了语言教育最好的家具。家庭语言教育的重点就在于孩子读书，帮助孩子阅读。

书籍是人生一大乐趣的来源，孩子不会读书，要求成人讲故事，当他认字之后，他可以读书，书能教孩子以文字表达情感，展开孩子生活的世界，如童话情节等，不仅启发孩子的想象力，也能给孩子正确观念，增加孩子生活的趣味性。

三、家庭课堂

听说

（一）跟我一起说

教具

无。

基本操作

1.家长先告诉孩子游戏规则：一个人说，另一个人听，说完后请听的人将听到的内容重复出来。

2.家长先说一些简单的词，如蓝天、猫咪、凳子。

3.孩子重复。

4.家长在孩子熟悉游戏规则后，再说一些短语，如蔚蓝的天空，可爱的猫咪，红色的凳子。

5.孩子重复。

6.让孩子说，家长重复。

目的

锻炼听说能力；

培养思考能力。

（二）打“电话”

教具

4个纸杯；

4根牙签；

2根棉线（长度根据自己需要决定）。

基本操作

1.家长告诉孩子：“我们一起来做一个小电话，然后一起玩打电话的游戏好不好？”

2.孩子同意后，家长示范制作过程：将两个纸杯的底部分别用牙签扎一个小洞；将棉线通过小孔穿进纸杯，系在牙签上；轻拉棉线使牙签卡在纸杯底部。

3.鼓励孩子用相同的方法制作另一个纸杯电话。

4.做好后，家长和孩子各拿一个话筒，拉直棉线。

5.让孩子先把话筒放在耳朵上，家长对着另一个话筒说：“喂，是宝宝吗？我是妈妈！”

6.说完后，示意孩子把话筒放在嘴上，家长将话筒放在耳朵上，听孩子说话。

7.重复5、6的动作，用不同的内容进行对话。

8.游戏完，收好“电话”，下次可以直接玩。

目的

提高听说能力；

促进对话和交流；

培养动手能力。

（三）一起来造句

教具

无。

基本操作

1.家长说出主语的话，孩子接跟主语相关的动词；反之亦然。

2.家长说：“皮球”，孩子说：“滚动”。

3.家长说：“小鸟”，孩子说：“飞”。

4.家长说：“蹦蹦跳跳”，孩子说：“兔子”。

目的

发展孩子的造句能力；

提高孩子的语言智能；

提高孩子的语言和抽象思维能力。

书写

（一）触摸字

教具

剪刀；

砂纸（或毛线）；

双面胶；

光滑的纸板。

基本操作

1.家长先拿砂纸剪成a、b、c等字母。

2.将字母用双面胶贴在光滑的纸板上。

3.让孩子沿着砂纸字母用手指描绘一次。

4.孩子一边摸砂纸字母，家长一边教孩子怎么读。

5.将字母拼成水果、蔬菜、动物的拼音，教孩子读。

6.物品归位。

目的

通过触觉来练习写字；

认识字母、拼音。

（二）连连看

教具

白纸；

铅笔；

彩笔；

橡皮。

基本操作

1.家长拿一张纸先用铅笔写上一个简单的字。

2.用彩色笔沿着字点上虚线。

3.将铅笔笔迹擦拭掉。

4.请孩子拿不同颜色的彩笔沿着虚线连起来。

5.家长可以多制作几个这样的虚线字，然后和孩子一起比赛，看谁先连成一个字。

目的

锻炼运笔的稳定度和画长线；

强化手眼协调能力；

提高专注力。

识字

（一）打字牌

教具

牌形生字卡。

基本操作

1.放好桌子，将牌型生字卡放在桌子上，给孩子介绍要做打字牌的游戏。

2.家长和孩子一人一张开始抽牌，直到字牌被拿完。

3.每打一张牌要读出牌上生字的读音。

4.不会读的字要留下来，让对方先出。

5.先打完牌的获胜（家长在出牌时可故意找孩子认识的字读错，让孩子指出；或故意让孩子获胜，增加孩子自信）。

6.把孩子不认识的字牌拿来，教他认识生字。

7.物品归位。

目的

认识生字；

提高识字积极性。

（二）找找看

教具

汉字卡；

报纸或书籍；

铅笔。

基本操作

1.家长取出字卡，教孩子认上面的

字，并和孩子一起大声读。

2.等孩子认识这个字时，拿出报纸或书籍，请孩子在上面寻找与字卡上相同的字。

3.请孩子将与字卡相同的字用铅笔圈起来。

4.家长和孩子各拿一本书，比赛看谁找到的字最多。

5.比赛结束，跟孩子一起数找了多少个字，如果孩子找得多要给予鼓励。

6.物品归位。

目的

认识生字；

加深对生字记忆；

提高识字兴趣。

（三）红绿灯

教具

剪刀；

卡纸（红色和绿色）；

生字卡。

基本操作

1.家长叫来孩子，一起用剪刀将红色和绿色卡纸剪两个圆形。

2.将红绿圆形摆在桌子上当成红绿灯。

3.孩子手拿生字卡，一边读一边摆，把会读的字摆在绿灯处，不会的字摆在红灯处。

4.家长可根据红绿灯处生字的数量来检查孩子的识字情况。

5.家长帮孩子熟悉被红灯“拦截”的生字。

6.将物品收拾归位。

目的

认识生字；

加深对生字记忆。

阅读

（一）大灰狼和小兔子

教具

工作地毯（泡沫地垫）；

桌子。

基本操作

1.铺好地毯，跟孩子一起坐在上面，告诉他要演他刚刚读完的童话《大灰狼与小兔子》。

2.孩子同意后，商量角色分配，谁演大灰狼，谁演小兔子。

3.放好桌子。

4.扮演小兔子的先是躲在一个桌子底下把桌子当成自己的房子。

5.接着扮演大灰狼的从“远处”走

过来，到桌子前后用手敲敲桌子，说道："小兔子，乖乖乖，把门开，我进来……"

6."小兔子"也在门里面说道："我不开，我不开，妈没来，别进来"

7.故事表演完一遍，互换角色再表演一次。

8.物品归位。

目的

提高阅读兴趣；

增强理解能力；

提高表达能力；

激发表演欲。

（二）缺页的故事书

教具

一本故事书；

剪刀。

基本操作

1.家长用剪刀把孩子的一本故事小书剪开，从开始拿下一页，从中间拿下1～2页，最后从结尾拿下一页，就可以带孩子进行游戏了。

2.在书页的后面用铅笔编上号码：①、②、③、④等。

3.让孩子观察图片，找出故事图片排列的顺序。

4.请孩子将故事图片按顺序排好，将故事图片翻过来让孩子自己检查排列得是否正确。

5.家长引导孩子用清楚的语言将故事讲解下来。

6.如果孩子感到困难，家长开始不要准备过多图片，先准备三张，待孩子熟悉游戏之后，再逐渐增多图片的张数，加深难度。

7.将物品放回原位。

目的

培养孩子视觉观察与判断力；

提高推理能力（事情的发生、过程、结果的排序）。

（三）三打白骨精

教具

无。

基本操作

1.家长跟孩子介绍游戏规则：这个游戏包括三个人物——孙悟空、唐僧和白骨精，这三个童话人物的制约关系是：孙悟空胜白骨精，白骨精胜唐僧，唐僧胜孙悟空；三个人物有不同的造型：①抬起左膝，右手反掌心在额前作搭凉棚状，同时左臂微屈勾拳为孙悟空。②双手插腰，两腿侧开为白骨精。③双手合掌于胸前为唐僧。

2.家长和孩子先背向而站，相距二步远。游戏开始后两人一块唱："孙悟空三打白骨精！"

3.并在原地合拍双足跳三下，注意唱到最后一个"精"字时，必须同时做180度跳，同时在落地前还要做一个造型动作。

4.如果家长和孩子正巧造型相同，那么重来一次，方法同前，一旦造型之间建立了制约关系，负者就要给胜者恭敬地鞠一个躬。

目的

加深孩子对故事的理解；

认识事物间的制约关系；

锻炼孩子的反应能力。

小贴士

蒙台梭利认为语言是大自然赋予人类的本能，如能掌握儿童语言的敏感期，并能通过耐心的引导，在敏感期加强语言教育，必将使儿童拥有良好的语言能力。

0～1岁，儿童学习语言的预备期，开始牙牙学语。

1～2岁，单字句期、双字句期。

2～3岁，单字及片语的爆发：词汇量的增加，这种爆发不是成人教的而是自发的，并没有什么理由，在较短的时间段内儿童从不会说话过渡到学会运用名词、动词等。

3～4岁，词汇运用的时期，可以表达比较抽象的想法，可以讲简单的故事。

4～5岁，字的认知时期，注意字的存在，想去了解字的意义。

5～6岁，使用语句及文法的时期；围绕某个主题和个人谈话。

父母可根据孩子语言敏感期的不同阶段来进行适宜的指导，使孩子的语言能力得以突飞猛进地发展。

第五章　科学文化教育

蒙台梭利说："基于自然的倾向，幼儿是适宜接受文化的，然而，社会却以游戏和睡眠的方式忽视了儿童。"在她看来：孩子是环境的一部分，孩子是离不开文化的，是文化的一部分。如果人类对文化认同越多，就越能适应那里的环境。孩子学习文化，不只是要他们更聪明，最重要的是使他们了解环境，进而尊重环境，尊重别人，尊重自己；使孩子爱学习，喜欢研究，增强自信心，对人、对世界充满爱。

一、内容介绍及教育目标

内容介绍

科学文化教育包括动物、植物、历史、地理、科学、天文、地质等内容。

1.动、植物学

引导孩子观察自然生命现象的过程中，激发他对大自然的热爱，并透过自发性学习，让孩子体验自然，且激发孩子的耐心、信心、爱心和细心。

可以在家养小金鱼、小蝌蚪等，让孩子参与照顾、清理、喂食等工作来培养孩子的观察力、责任感及爱心。

2.地理历史

帮助孩子发展清楚的空间方位感，让孩子接受其他国家风俗文化，建立世界观并帮助孩子建立时间概念。

3.自然科学

儿童通过观察、实验、思考来解释事物为什么这样，为什么那样，而发展出有步骤、有系统的知识。当孩子在尝试一些简单有趣的实验时，不仅获得乐趣，还能从中理解科学的奥妙。培养他日后有系统地作比较、分类、归纳、分析等逻辑思考能力。

4.天文地质

主要介绍天空中的科学，还有由于各种天气原因和自然形成的各种地质形态。

科学文化教育可以满足儿童的求知欲望，掌握规律的学习方法，建构儿童科学的世界观，初步培养儿童关爱世界的博大胸怀，使孩子了解这个奇妙世界的同时，更好地与它和谐共处。

教育目标

1.培养孩子爱科学的情感

从欣赏、观察、认识中培养孩子对宇宙和大自然的热爱及责任感。

2.培养孩子掌握认识事物的方法

使孩子在未来有足够的能力和适应力、独立工作和自我发现。

3.培养孩子的好奇心、求知欲

使孩子对其生存的环境，对人、对事、对物有一定的浓厚兴趣。

4.引导幼儿接触周围世界

增强孩子的环保意识，从周围的世界中获得科学经验，从自己的环境中建构自我的概念。

5.学习民族文化，培养民族自豪感

孩子通过学习本民族的优秀文化，体会中华文化的博大精深，从而为拥有这样的灿烂文化而自豪。

二、教具

在蒙台梭利的儿童之家里，摆放着动物、植物，涉及历史、地理、天文、地质等知识的教具，让孩子学习如何照顾动物、植物，了解自己所居住的大环境、了解宇宙万物的奥秘、认识各种矿物等。

1.中国地图嵌板

由1套嵌板组成。了解中国的地理位置，认识各省、自治区、直辖市和省会城市的位置；培养空间思维。

2.亚洲地图嵌板

认识亚洲各个国家的位置、名称及风土人情，初步认识地理的空间概念。

3.世界洲际地图嵌板

由1套嵌板组成。建立地图概念，从地图上认识世界上7大洲和4大洋的位置，培养空间思维。

4.太阳八大行星嵌板

由1套嵌板组成，认识太阳系，了解八大行星位置，培养空间思维。

5.树叶嵌板柜

由14块树叶嵌板,1个4层木橱组成。学习识别各种树叶、植物。

6.植物卡片

学习识别各种植物。

7.动物卡片

学习识别各种动物。

8.鸟嵌板

培养孩子手眼协作及独立性，提高观察分析能力和专注力，了解鸟的各个部分的基本构造。

9.蚂蚁嵌板

培养孩子手眼协作及独立性，提高观察分析能力和专注力，了解蚂蚁的各个部分的基本构造。

10.大树叶嵌板

培养孩子手眼协作及独立性，提高观察分析能力和专注力，了解树叶的各个部分的基本构造。

11.鱼嵌板

培养孩子手眼协作及独立性，提高观察分析能力和专注力，了解鱼的各个部分的基本构造。

12.乌龟嵌板

培养孩子手眼协作及独立性，提高观察分析能力和专注力，了解乌龟的各个部分的基本构造。

13.花嵌板

培养孩子手眼协作及独立性，提高观察分析能力和专注力，了解花的各个部分的基本构造。

14.马嵌板

培养孩子手眼协作及独立性，提高观察分析能力和专注力，了解马的各个部分的基本构造。

15.树嵌板

培养孩子手眼协作及独立性，提高观察分析能力和专注力，了解树的各个部分的基本构造。

三、家庭课堂

动植物

（一）蔬菜印画

教具

白纸；

调好的广告色；

切成两半的青椒；

切成段的藕；

切成小朵的西蓝花。

基本操作

1.拿出事先准备好的蔬菜，引导孩子说出蔬菜的名称。

2.让孩子选择他喜欢的蔬菜作为印画。

3.指导孩子用蔬菜的断面沾广告色，印在白纸上。

4.让孩子观察自己印出来的形状像什么。

5.鼓励孩子再多用几种颜色和形状印画："咱们再印一个蓝色的青椒吧，找找蓝色在哪里？"

6.整理归位。

目的

认识植物内部结构；

认识颜色；

学习印画；

培养发散性思维。

（二）找出不合理成分

教具

卡片6张（这些卡片是经过处理的，比如没有尾巴的小猫、三只眼睛的小兔等有一些不合理的成分）。

基本操作

1.家长先把事先准备的卡片摆出来，请孩子过来做游戏。

2.对孩子说："请你仔细的看这些图，每张图上都会有一些奇怪的地方，你能把它们找出来吗？"

3.孩子找出卡片上的不合理的地方。

4.家长提示孩子仔细指出各个不合理的地方是什么，并且该如何改正。

5.当孩子说出改正的方式后，可以让孩子用画笔等将他觉得需要改正的地方进行修改。

6.修改以后，家长还可以让孩子按图片上的内容编故事（故事的逻辑可以不作要求，只要将图上的内容讲清楚就可以）。

7.整理卡片放回原位。

目的

培养对动物的观察力；

对各种熟悉的事物的认知；

发展宝宝的判断力和推理能力以及语言能力。

（三）做叶画

教具

植物叶片；

书本；

双面胶；

剪刀；

白纸；

彩笔。

基本操作

1.家长带孩子去公园采集大小不一、形态各异的叶片，可以利用落叶或修剪花木时遗弃的叶子，不影响花木的正常生长。

2.家长对采集的叶片做简单介绍，可帮助孩子制作相应表格，内容可包括：植物名称、叶片形状特点、生长环境、与人们生活的关系……

3.跟孩子一起对采集的叶片进行压制：注意放平，夹在吸水性强的书本里1～2天；每两片间隔几页书，如叶子过大、过厚，间隔的书页也要增多；放好后上面压上重物，压平，放在透风良好的环境中。

4.叶子压制好后，和孩子一起整理和讨论压制的叶子，巩固压制方法。

5.取来白纸、双面胶、剪刀、彩笔等。

6.构思：鼓励孩子展开丰富的想象为自己构思一幅美丽的图画，可以用铅笔在纸上勾出轮廓。

7.选叶：根据构思选择叶片，先在构思的图画上试放，教孩子不要局限于自己画的轮廓，要大胆地根据叶片的形状进行调整，使自己的设计更完美。

8.裁剪：根据需要对叶片进行裁剪，一定要注意尽量保持原来的形态特点。

9.贴制：要按一定顺序贴。

10.后期处理：贴制完后，还要进行一些修饰，如给叶画装饰花边，可以用彩笔画，也可用叶片贴，最后在画的右侧写上画名和自己的名字。

11.为了使叶画长久保持鲜艳，还可以密封在玻璃框中或塑封。

12.整理物品。

目的

让孩子了解有关植物的知识；

培养孩子热爱大自然的情感；

培养孩子动手能力；

培养孩子的想象能力和审美能力；

培养孩子的创新能力和独立制作能力。

地理历史

（一）画地图

教具

动物园导游图；

白纸；

画笔。

基本操作

1.带孩子去动物园玩，先买一张导游图。

2.找个地方坐下，看着图，让孩子说出动物园里都有哪些动物，并正确说出各动物的名称。

3.诱发孩子按图寻找动物，并向孩子启发提问：怎么才能不重复、又不遗漏地看到每个动物呢？

4.并说明“导游图”，就是一种“地图”（介绍地图知识）。

5.让孩子画“地图”。从动物园入口开始，哪种动物在什么方位，画一张简易地图。

6.带孩子去每一个游览区时，都不妨购置一张游览图，以加深孩子对地图的认识。继而让孩子接触所在地的“市区地图”，向孩子指出那些熟悉的地方的位置，请他绘地图。

目的

认识什么是“地图”；

初步了解地理位置；

建立前、后、左、右等空间概念。

（二）地名接龙

教具

地图册；

百科全书；

笔；

纸。

基本操作

1.家长告诉孩子："我们做一个游戏，名字叫'地名接龙'（可以谐音、国外、古地名），我们知道很多地名，今天我们一起了解一下地名的奥秘。"

2.游戏开始，家长和孩子开始"接龙"，比如：上海——海南——南宁——宁波——波斯……

3.将这些地名一边接龙，一边记在纸上。

4.和孩子一起讨论这些地名中蕴含着什么样的秘密：地名的由来、文化、名人、典故等等。

5.对于不了解的地名鼓励孩子翻阅地图、查阅百科全书来搜集资料了解相关知识。

目的

通过地名了解文化知识；

了解历史文化；

学会整理资料，提取信息。

（三）鉴宝

教具

自制国画；

新华字典；

百科全书。

基本操作

1.家长用宣纸绘一幅国画，画的内容：依山傍水有几处古建筑，画右上角题下面这首诗：水面细风生，菱歌慢慢声。客亭临小市，灯火夜妆明（诗不能有标点）。落款为：大定元年薛道衡。为了使画更为逼真，可以刻几个名人印章加盖在画上，并适当做旧：如右上角缺失，其它地方有些许残破，用米醋加水稀释后喷洒在画的表面等。

2.拿出这张早就准备好的画作，跟孩子介绍，这是我们的传家宝，告诉孩子祖先说这画是隋朝流传下来的。

3.当孩子的兴趣被激发以后，请孩子帮忙来鉴别画的真伪。

4.可以让孩子根据落款查找"大定元年"，提示孩子对照《新华字典》后的附表《我国历代纪元表》查找判断。

5.单凭借年号，可以判断"大定元年"的确是隋朝年号。"薛道衡"也的确是隋朝人。

6.但是这些并不足以证明画的真伪。这时，可以根据画中的内容，给孩子讲讲“市”的概念：画上的诗描绘的是“夜市”的情景，而夜市是唐朝才出现的新现象，所以不可能反映在隋朝的作品中，所以画不可能是隋朝的。

7.这项活动比较复杂，要求家长有足够的准备和丰富的知识，家长可根据自身情况来设定情景，不一定非要用“古画”，其他的瓷器、玉器、钱币、家具等等都可以作为活动的引子来展开话题和讨论。

目的

熟悉历史知识和文化；

建立用科学来去伪存真的精神；

激发孩子求知欲和探索欲。

科学

（一）找影子

教具

白纸两张；

笔；

手电筒；

椅子。

基本操作

1.家长给孩子介绍游戏：我们要拉上窗帘在黑屋子里玩。

2.让孩子坐在椅子上。

3.把大白纸贴在孩子身后的墙上

4.打开手电筒，让孩子的身影映在白纸上。

5.用笔把孩子影子的轮廓画下来。

6.家长和孩子轮换角色，让孩子来画家长的影子。

7.给孩子介绍光与影的物理知识。

8.还可以玩手影游戏。

9.整理物品，放回原位。

目的

初步了解光和影子的关系；

训练绘画能力和想象力。

（二）纤维的秘密

教具

中等厚度的各种颜色的纸；

剪刀；

筷子；

盛水水盆。

基本操作

1.家长教导孩子做纸花：选一些中等厚度的各种颜色的纸，裁成正方形，把纸剪成5小片(注意中间不能剪开)，然后用筷子把各纸片从外

往内用力卷起，快到中心时停止，左手固定纸卷，右手把筷子抽出，使纸片形成皱纹，这样就形成了美丽的纸花了。

2.把花放入水盆中，可以发现花瓣慢慢地张开了。

3.它会使孩子感到惊奇，会让他觉得就像是真的有生命的花在绽放一样。

4.家长把一朵花从中间切开，一半插在红墨水中，一半插在清水中。

5.插在红墨水的花渐渐变红了，而另一半花颜色没有改变。

6.家长给孩子讲解纤维的秘密原理，讲纸的主要成分是植物纤维，纤维就是极细小的毛细管，纸遇到水以后，水沿着纸中的毛细管上升，使纤维胀满，于是原来叠上的花瓣就张开了。

7.整理归位。

目的

认识简单的科学道理；

发展手部精细动作；

培养孩子的思维能力以及观察力；

游戏方式。

（三）谁会游泳

教具

透明的已盛水容器若干；

纸飞机和小铁珠各一；

小石头、树叶、三角铃、糖纸、泡沫板若干；

笔；

记录纸。

基本操作

1.家长和孩子一起讨论：东西（小石头、树叶、三角铃、糖纸、泡沫板）掉进水里都会游泳吗？

2.告诉孩子，会游泳的东西会飘在上面的，不会游泳的会掉在水盆的下面。

3.将纸飞机、小铁珠、小石头、树叶、三角铃、糖纸、泡沫板等分别放进同名的盛水容器中，观察它们的沉浮状况。

4.鼓励孩子用笔将自己观察到的现象记在记录纸上。

5.找来更多的物品做实验，比如皮球、积木等等。

6.将所有物品归位。

目的

引发孩子对沉浮现象的兴趣；

培养孩子的观察能力和操作能力；

让孩子尝试用简单的方式记录。

天文地质

（一）太阳出来了

教具

大字卡（写有“阳光”）；

小字卡（写有“阳光”）；

太阳和乌云的图片。

基本操作

1.家长为孩子介绍游戏。

2.家长出示大字卡“阳光”，孩子认读并找出相应的小字卡。

3.家长出示太阳和乌云的图片。

4.当家长出示“太阳”时，孩子举起“阳光”的小字卡。

5.当家长举起“乌云”时，孩子则将“阳光”小字卡藏起来。

6.家长跟孩子讲解太阳和乌云的关系，传授科学知识。

目的

认识阳光和乌云的关系；

识字。

（二）修建“公路”

教具

工作地毯；

小木偶；

玩具房子、玩具车；

木块或塑料积木。

基本操作

1.找一块空地，铺好工作地毯。

2.跟孩子把房子、超市、车辆都摆放好。

3.和孩子一起研究在几个点之间修建公路，比如为一个小木偶的房子、车和超级市场之间修公路。它们可以用木块或塑料积木来作为铺路的材料。

4.要孩子描述小木偶从一处到另一处时所需走的路线。

5.增加一些停止地点，比如说红绿灯或斑马线，要使任务多样化，可以要求孩子描述在使用不同的交通工具时的不同路线。

6.讲解公路修建和地质构造的关系。

7.整理物品。

目的

地质和建筑的初步认识；

培养动手能力和思维能力。

（三）给石头“化妆”

教具

大小、形状各异的石头；

彩笔；

胶水；

各种装饰物。

基本操作

1.家长准备大小、形状各异的石头和彩笔。

2.把准备好的石头拿给孩子，和孩子一起观察这些石头的形状、大小、纹理、质地、颜色等特征。

3.和孩子一起研究和讨论，这些石头为什么会形成各不相同的形态，介绍有关石头形成的地质知识。

4.和孩子一起讨论看能不能根据这些石头的外形特点，用彩笔给石头“化化妆”，让它变得更有个性。

5.让孩子自由发挥给石头“化妆”，家长在旁边协助。

6.用彩笔化好妆之后，看能不能再找一些装饰物来打扮石头，或者黏在一起做出其他造型。

7.整理物品归位。

目的

了解石头的构造；

提高孩子的观察力；

培养孩子想象力和动手能力。

小贴士

孩子对于科学文化的兴趣一般是从3岁左右开始的，到了6～9岁其敏感表现则呈现井喷状态。在这一时期孩子会表现出探究事物奥秘的强烈需求，作为父母可以针对孩子的敏感表现，为其提供内容丰富的科学文化知识，孩子们也会迅速吸收、快速提高，各种潜能和天赋由此被发掘出来。你会欣喜地发现孩子的吸收和理解能力远远超过了你的想象！

图书在版编目（CIP）数据

蒙台梭利早教真经/罗耀先主编.—北京：中国人口出版社，2013.12

ISBN 978-7-5101-1758-9

Ⅰ.①蒙… Ⅱ.①罗… Ⅲ.①婴幼儿-早期教育 Ⅳ.①G61

中国版本图书馆CIP数据核字（2013）第281941号

容易实施、效果显著的家庭早教书

蒙台梭利早教真经

罗耀先 主编

出版发行	中国人口出版社
印　　刷	北京睿特印刷厂大兴一分厂
开　　本	710毫米×1020毫米　1/16
印　　张	14
字　　数	120千字
版　　次	2014年5月第1版
印　　次	2014年5月第1次印刷
书　　号	ISBN 978-7-5101-1758-9
定　　价	28.80元

社　　长	陶庆军
网　　址	www.rkcbs.net
电子信箱	rkcbs@126.com
电　　话	(010)83519390
传　　真	(010)83519401
地　　址	北京市宣武区广安门南街80号中加大厦
邮　　编	100054